“十三五”国家重点图书出版规划项目

国 家 战 略 预 警 研 究 译 丛

先发制人

国际冲突的先制与预防

STRIKING FIRST

Preemption and Prevention in International Conflict

[美] 迈克尔 · 多伊尔（Michael W. Doyle）——著

吴迪　高连兴——译　徐谦　李力——校译

金城出版社
GOLD WALL PRESS
· 北京 ·

图书在版编目（CIP）数据

先发制人：国际冲突的先制与预防 /(美) 迈克尔 · 多伊尔 (Michael W. Doyle) 著；吴迪，高连兴译 . —北京：金城出版社，2019.6
（国家战略预警研究译丛 / 朱策英主编）
书名原文 : Striking First: Preemption and Prevention in International Conflict
ISBN 978-7-5155-1804-6

Ⅰ. ①先… Ⅱ. ①迈…②吴…③高… Ⅲ. ①国际问题－研究 Ⅳ. ① D815

中国版本图书馆 CIP 数据核字（2019）第 003997 号

先发制人：国际冲突的先制与预防
XIANFA ZHIREN GUOJI CHONGTU DE XIANZHI YU YUFANG

作　　者　[美] 迈克尔 · 多伊尔
译　　者　吴　迪　高连兴
校　　译　徐　谦　李　力
责任编辑　朱策英　李晓凌
开　　本　700毫米×960毫米　1/16
印　　张　10
字　　数　129千字
版　　次　2019年6月第1版
印　　次　2019年6月第1次印刷
印　　刷　三河市百盛印装有限公司
书　　号　ISBN 978-7-5155-1804-6
定　　价　60.00元

出版发行　**金城出版社** 北京市朝阳区利泽东二路3号　邮编：100102
发 行 部　(010) 84254364
编 辑 部　(010) 64271423
交流邮箱　gwpbooks@yahoo.com
总 编 室　(010) 64228516
网　　址　http://www.jccb.com.cn
电子邮箱　jinchengchuban@163.com
法律顾问　北京市安理律师事务所　(电话)18911105819

编者语

当今全球局势复杂多变，安全冲突此起彼伏，不确定性与突发性相互交织，给世界带来了全新的挑战。提高战略预警能力，完善国家战略预警系统，成为各国的必然选择。

国家战略预警，指一国武装力量为防御突然袭击，运用预警技术监视别国战略进攻性武器活动态势的综合性警戒手段。它关乎一国的战略核心利益，是维护国家安全、执行战略行动的重要保障，是国家防御体系的重要组成部分，是国家战略防御和威慑力量不可或缺的重要基础。战略预警攻防兼备，以守为攻。其目的在于，及时在尽可能远的警戒距离内，准确探测识别敌方攻击，分析判断各类情报信息，发布先期警戒情报，使国家决策层尽早采取反制措施，甚至先发制人。从冷战初期，美国就开始通过发展预警系统，来增强自己的战略防御力量，可以说是世界上战略预警系统建设的领头羊，目前拥有世界最庞大、最先进、最复杂的战略预警系统。

针对敌方的突然袭击，如何识别、预警、预判、反制、威慑、防御，是全球情报人士热切关注的问题。为此，我们特别策划了“国家战略预警研究译丛”，将该领域的国际研究成果推荐给中国读者。丛书主要针对的是国家层面的战略预警，内容涵盖早期预警、情报搜集、情报分析、预判突袭、预先防御、先发制人、情报失误、减少不确定性等等诸方面。我们所精选的作品，既有享有盛誉的经典著述，也有一些顶尖专家的最新研究，备受各国情报人员和国家安全学者推崇。

目前，中国已进入一个全新时代，比历史上任何时期都更接近实现民族复兴的目标。但习近平主席指出，前进的道路不可能一帆风顺，越是前景光明，越是要增强忧患意识，做到居安思危，全面认识和有力应对一些重大风险挑战……不断提高国家安全能力。[1] 他山之石，可以攻玉。我们真诚希望本套丛书，可对我国相关领域的从业者有所启迪；为维护我国国家安全、践行总体国家安全观，在理论与实践上有所探索。

---

[1] 2018 年 4 月 17 日，习近平主席在十九届中央国家安全委员会第一次会议上的讲话。

目 录

序　言

美国文理科学院院士、美国政治学学会副会长

斯蒂芬·马塞多（Stephen Macedo）

一个负责任的政府是否应该尝试威慑潜在敌人，或者是否应该先发制人——采取预防性行动，以免遭受敌人看似有意、此前已显现出来、可能再次显现出来的攻击预谋？

等待危险迫近是否比率先发难更安全？或者说，抢在危险扩大之前主动出击是否更明智，即使这意味着所谓的危险可能并不存在？

这些问题涵盖在迈克尔·多伊尔撰写的重要且极具时效性的文章中，文章内容是2006年11月他在普林斯顿大学人类价值（研究）中心的“坦纳讲座”（Tanner Lecture）上初次提出的。多伊尔强调的不仅仅是“何种预防性战争（preventive war）是正当的”条件下的潜在道德问题，而且是如何应对复杂且现实的问题，即便有可行的办法，国际法也需要被重构，以适应借助预防性战争或预期性自卫（anticipatory self-defense，也译作预先自卫），来应对当今恐怖主义网络及不安全性上

升的时代。

这关系到我们这个时代一些最重大的外交和国防政策争议。联合国已声明，“在国际关系中，主权国家应避免利用威胁或使用武力（use of force）侵犯他国领土完整或政治独立”。[1]但2002年《**国家安全战略**》（National Security Strategy）中宣布的“**布什主义**”（Bush Doctrine）指出，在面对敌对国家支持的恐怖主义网络时，美国绝不会“坐视不管，放任危险积聚”，而是要寻求“先发制人地应对新出现的威胁”。[2]自此之后，美国在没有掌握即将遭受袭击的确凿证据，也未获得《联合国宪章》第39条所要求的安全理事会（后文简称安理会）授权的情况下，就准备袭击他国。[3]这是对国际法的公然违背，也是2003年入侵伊拉克的前兆。

多伊尔独到精准地提出了围绕预防性战争的道德和法律问题。多伊尔是一位在帝国、和平、战争以及国际法等方面享有盛誉的学者，他的作品不单单在政治哲学家中广泛传播，而且在国际关系专业的学生和从业者之间也产生了颇多影响。多伊尔不仅是一位领军学者，他还是联合国助理秘书长，及前任联合国秘书长科菲·安南（Kofi Annan）的特别顾问，专门负责战略规划及与华盛顿的关系。本书中，迈克尔·多伊尔还收纳了三位特别优秀的评论者针对其某些核心主张提出

---

[1] 原注：Declaration on Principles of International Law Concerning Friendly Relations and Co-operation among States in accordance with the Charter of the United Nations, G.A.res.2625, Annex, 25 UN GAOR, Supp. (No. 28), U.N. Doc. A/5217 at121 (1970).

[2] 原注：*The National Security Strategy of the United States of America*, Washington, D.C., September 2002 (available online, http://www.whitehouse.gov/nsc/nss.html), 15.

[3] 原注：第 39 条规定：“联合国安理会应对任何威胁、违背和平的现象或侵略行动做出判断，并决定依据第 41 条和 42 条规定制定出何种应对策略，以维持和恢复国际和平与安全。”

的不同意见。

依据国际法的正统学说，或迈克尔·沃尔泽（Michael Walzer）所称的**“法家范式”**（legalist paradigm）理论，要诉诸战争必须在两种狭义和精确定义的条件之下。[1] **“正义战”**（just war）首要和最明确的前提是防御：抵御非正义的袭击者，维护和平状态。在防御战中，主权国家遭受袭击，其他国家可以加入，以击退非正义袭击者，或是对后者进行惩罚。[2]

除了防御战，国际法和正义战理论的主流观点还允许存在另一种狭义的正义战，即**“先制战”**（preemptive war）。面对被侵袭的威胁，如果在必要性上具有压倒性优势，加之危险迫在眉睫，根本无时间从长计议，也无其他办法可供选择时，临危国家可采取先制战策略。[3]

评论者公认的一个合理运用先制战的经典案例发生在以色列。1967年，国土面积狭小的以色列被众多敌对邻国包围，面对埃以两国边境线上集结的埃及军队，它不是坐以待毙，而是率先主动出击。

如果说这两种例证穷尽了正义战的范畴，那么布什主义的**“预防”**，即便被误导性地贴上**“先制”**的便签，也不能认为是正当的。依据布什主义，美国可事先采取**“预期性行动”**（anticipatory action）来对抗**新兴威胁**（emerging threats）：预防性行动是被不断积聚的威胁引

[1] 原注：*Just and Unjust Wars: A Moral Argument with Historical Illustrations*, 3rd ed. (New York: Basic, 2000), 75.

[2] 原注：详见杰夫·麦克马汉（Jeff McMahan）在下文中的讨论。

[3] 原注：理查德·塔克（Richard Tuck）强调，不同派别对发动战争的正当理由持不同看法，“经院哲学”（Scholastic）传统就是坚信此处的狭义解释。见后文塔克的评论，另可参阅 Walzer, *Just and Unjust Wars*, 77–78。

发的，并非像1967年以色列所面临的那样紧迫，双方实力也并非相差特别悬殊，对这种威胁的恐惧只是被准备入侵的美军过分渲染了。如果我们认真对待美国副总统理查德·切尼（Richard Cheney）提出的“**百分之一主义**”（one percent doctrine），就会发现情况尤为明显——依此理论，即使恐怖分子只有百分之一的机会持有大规模杀伤性武器，这种概率也大到足以把它当成一个完全确定的事件来应对。[1]**布什主义**似乎是宽松且灵活的，而传统观点被认为范畴狭窄、限制重重。此外，尽管国际法坚持必须得到安理会的授权，但美国政策显然想要“**单边**”（unilateral）行动，或利用特意设置的“**志愿联盟**”（coalitions of the willing）。

布什政府中的一些批评者以及其他人认为，放宽预防性战争的限制条件会造成很多不可预知的危险，根本就不应该考虑实施，更不应鼓励。身处不稳定的国际环境中，军事强国的领导人更乐于关注日益增长的威胁。这种情况在民主社会中表现得尤为明显，民众和媒体过分夸大恐惧和不安全性，目的就是最大限度地淡化军事行动对远方诸国造成的损失。除此之外，国际舞台上价值观和认同感大不相同，评估基于情报来源和借鉴历史模式得出的判断是否合理，并没有达成统一的标准。**单边预防性战争**若被许可将会给世界带来巨大的危险，尤其是像美国这样拥有超大型军事武器的国家，会单凭想象来反击并不存在的威胁。正如老话所说，如果你有把极好的锤子，会觉得什么东西都像钉子。

迈克尔·多伊尔认为传统国际法正统学说已经不切实际了，对于

[1] 原注：Ron Suskind, *The One Percent Doctrine: Deep Inside America's Pursuit of Its Enemies since 9/11* (New York: Simon & Schuster, 2006). 依苏斯坎德所言，“即使恐怖主义分子只有百分之一的机会持有大规模杀伤性武器——尽管这种事件发生的概率极小——美国也必须将其视为一件确定事件并马上采取行动”。

现在面临由非国家行为体（如恐怖主义网络和支持恐怖主义的国家）构成的新威胁的国家领导人来说，这些学说约束过度。面对瞬时的和不断积聚的多样化威胁，传统法学正统学说给予国家的（权力）过少。事实上，多伊尔明确指出，正义战的传统法学原则并未全盘否定**预防性使用武力**。[1]与此同时，多伊尔指出布什主义给使用武力设置的门槛儿太低，太过宽泛和松散：面对不断积聚的威胁，缺乏清晰和合理的标准指导诉诸预防性战争的实施。

多伊尔在本书中要做的是，至少阐明在何种情形下发动预防性战争是正当的，并明确制定出在国际社会达成共识、行之有效的标准，以便对诉诸预防性战争进行合理化的指导、约束和评估。多伊尔走的是一条严谨的研究之路，他的目的是强化国际法。首先，他扩大了国际法的范围，使之涵盖公认的有潜在扩张危险的战争领域。其次，他断言各种标准一旦被国际法认可，就可改善对基于预期或预防理由发动战争的政治决策思考。

这两篇论文和后续的分析评论，以及多伊尔对评论的回复，为了解战争与和平的核心问题提供了一个窗口，它也需要我们深入思考——国际法和国际机构如何指导政治领导人在面对重大抉择时，进行政治考量并且约束国家行为。

多伊尔在第二篇论文中详细阐述了他的四项标准。这篇文章包括日益严重威胁的致命性和可能性，以及慎重思考后做出回应的正当性（合理性和相称性[2]）。这符合他强化国际法和国际机构的愿望，也

[1] 原注：沃尔泽也反驳说，像丹尼尔·韦伯斯特（Daniel Webster）和卡罗琳主义这样的传统法家范式，严格来说也是限制颇多；详见 *Just and Unjust Wars*, 76–79。

[2] 编注：proportionality，也译作比例原则、均衡原则，意思是为了实现某特定目的而采取的措施，必须与该目的相称。

符合他对其效力的信心。他坚持认为，国家考虑诉诸预防性战争的另一个基本要求是，他们必须把相关情况提交给国际机构，尤其是联合国安理会。多伊尔希望借助一个国际论坛的多边授权，有助于缓和单纯从国家角度进行评估时可能产生过分夸大威胁的风险。当国家感觉受到威胁时，爱国热情就会高涨，其国内容易出现恐慌和不加批判的“群体思维”（groupthink），但像安理会这样的国际论坛比较不会出现此一情况。

然而，当安理会这样的多边论坛未能采取合理且负责的应对措施时，接下来应该怎么做呢？与国家决策相比，安理会具有一些令人钦佩的特点——在任何时刻它都将包括来自世界各国的外交代表。但安理会与其他所有可使用的程序机制一样，绝非可靠到国家做任何决策时都能够完全遵从其权威。霸凌和错误是始终存在的可能性，这主要源于常任理事国对提案拥有一票否决权。北大西洋公约组织（NATO）的轰炸行动迫使斯洛博丹·米洛舍维奇（Slobodan Milošević）从科索沃撤军，就是由于俄罗斯威胁要投否决票而绕过了联合国。当然，这也是因为联合国自身缺乏强制机制。

多伊尔认为，必然有一种预防性行动的选项，这一行动不受联合国安理会和其他多边机构的制裁；历史表明，预防性战争将会发生，有时还有充分的理由。多伊尔的四项标准不是一成不变的“**必要和充分条件**”（necessary and sufficient conditions），而是在实践中作为评估其正当性的辩护要素和标准。同时需要强调的是，这些标准无论从国内还是国际观点来看，都不仅仅是为了限制决策，更主要的是为了改进决策。遭受恐怖主义袭击和军事打击的国家，如“9·11”事件后的美国，就可能轻视多边论坛的价值。他们可能会轻视确保多边合作的价值，而且对那些没有直接受到攻击影响的国家所确信需要的**制衡原则**表现出失望情绪。但实际上，就像司法审查和两院制等机制造成的国内宪法障碍一样，多边机构可以通过增加冷静思考的机会来改进国内决策。[1]因此，多伊尔的标准不仅适用于那些以跨国价值观和利益的名义来限制国家的人，而且适用于那些仅仅从国内观点来改进国内决策的人。

多伊尔的理论充满敏锐的哲学性思考，深受其长期研究国际冲突以及实践工作经验的影响。他关于如何调整国际法，以适应和指导诉诸预防性战争的建议，值得严肃对待。但不是每一个人都能被成功说服，本书收录了三位杰出的评论者所写的三篇评论文章，他们对多伊尔的一些观点持明显保留意见。

对多伊尔构建开启和引导会受到多边制裁的预先使用武力这一标准的努力，高洪柱院长（Dean Harold Hongju Koh）表示赞同。但他不赞同，国际社会应该承认**单边预期性/预防性军事行动**事前合理化而制定出的标准。为**人道主义干预**（humanitarian intervention）目的，允许国家或国家联盟绕过联合国安理会这样的机构是一回事儿。而高洪柱认为，激励各国基于人道主义理由进行干预通常是受到限制的，制止人道主义危机所需的武装力量可以被评估并达成一致意见。但在一些国家受到攻击并正在考虑军事回应的情况下——像“9·11”事件后的美国一样——高洪柱认为多伊尔所阐述的标准（包括可能性和相称性等因素）

[1] 原注：详见 Stephen Holmes, *The Matador's Cape: America's Reckless Response to Terror* (Cambridge: Cambridge University Press, 2007); and also Robert O. Keohane, Stephen Macedo, and Andrew Moravcsik, “Democracy-Enhancing Multilateralism,” working paper, Institute for International Law and Justice, New York University School of Law, 2007, available online at http://www.iilj.org/working%20papers/2007-4KMMGA.htm。

过于主观和灵活，为自私的解读打开了方便之门。

尤其是民主国家领导人，他们可能有很大的动机，将一个很小的危险夸大为一场巨大的危机。选举的动机似乎倾向于展示出强大的力量和保卫**“国土家园”**的决心，即使这是一种推测出的威胁，即使会让他国付出巨大代价。高洪柱认为，多伊尔的四项标准不太可能约束那些感觉受到威胁的国家领导人。

高洪柱认为，维持现行绝对禁止单边预防性/预期性军事行动的价值在于，一个国家极有可能在未获得安理会的许可前行动，事后再寻找行动必要性的借口请求原谅。类似的逻辑，以色列最高法院在审理“肉体刑罚”（physical means）——人们往往称之为酷刑，即**“禁止酷刑公共委员会诉以色列”**（Public Committee against Torture v. Israel）一案时曾使用过。以色列法律被解释为：在受酷刑者被提起犯罪指控的前提下，安全部门为**“必要防御”**（necessity defense）之目的，可以未经事先授权使用酷刑。“必要防御”要求证明，在特定的事实背景下，一次违反通常规则的特别行动是正当的。

高洪柱以警告作为总结：面对“无法克服的知识、证据和预测难题”时，任何对单边预防性战争的事前授权，都将充满需要慎重对待的危险。

理查德·塔克以霍布斯式怀疑论的观点，从国际关系合法性的角度对约束力进行了论述，这并不是强调对**“道德的基本原则”**的质疑。作为从其重要学术成就中引申出来的观点，塔克指出，托马斯·霍布斯（Thomas Hobbes）和雨果·格劳秀斯（Hugo Grotius）坚持两条基本普遍适用的道德准则：其一，任何人皆有权保卫自身免受袭击；其二，任何人都无权对他人强加不必要的伤害。这两位学者应该同意多伊尔的观点，即“自卫”不仅可以证明防御性战争和先制性战争的正当性，还可以证明预防性战争的正当性。

塔克有点像高洪柱；他在谈到对多伊尔四项限制标准的效能的期待时，并不同意多伊尔的观点。塔克解释说，多伊尔提出的前三条标准基本沿着两个思路在思考问题，一是合理的自卫，二是避免不必要的伤害。但塔克强调，即便像多伊尔提出的这些标准能够被广泛接受，但对我们却没有什么实际作用。所有的事情都取决于，当事国在实际情况中对这些被拓展的标准怎样解读，怎样应用。在这种情况下，一个冲突的世界也必将出现许多难题，主要集中在如何评估日益积聚的威胁，以及什么内容构成合理的回应。

这就引出了多伊尔的第四条标准，这个标准对塔克的解读至关重要。假如这些基于致命性、可能性、正当性（或相称性）等因素建立起来的原则被广泛接受，加之其实际应用时面临的难题，那么关键的问题是，期待不同的国家行为体能够在特定情况下达成一致，或者影响并缓和即将发生的激烈冲突，这样做是否理性。在这种情况下，塔克怀疑联合国安理会或其他任何现行国际论坛是否能有效发挥其作用。鉴于多伊尔怀抱着期待，他认为国家间将争论共同提交至国际论坛并认真探讨，能够改善决策并施加一些真正的约束，至少随时间的推移发生作用。但是，塔克怀疑没有国家的参与，任何事情都不可能行之有效。“你能想象，”塔克问，“（如果没有国家参与，）这样一场讨论的结果，具有类似国家机构或主权机构法令的效力吗？”

最后，塔克也恳求道，我们应该信任政治而不是准司法法庭。

杰夫·麦克马汉并不像高洪柱和塔克那样，关注道德和法律原则能否行之有效地限制、规范政治领导人。相反，他大体同意多伊尔的主张。但除此以外，他认为还应该再加一条标准——评估诉诸预防性战争是否以及何时在道德层面上属于合情合理的范畴。麦克马汉首先一针见血地指出问题所在，即使是传统或正统的正义战，有时也包含预防性成分。一旦某国显示出军事行动倾向，准备发动一场不义之战，防守一方就极可能在反抗该国的不义袭击之外，也预防、制止未来可能发生的不正当袭击。在这一意义上，麦克马汉指出，传统观点，如奥古斯汀（Augustine）、阿奎那（Aquinas）和格劳秀斯所阐释的——允许在特定情况下使用武力，以根除来自确定敌手的“未来威胁”。然而，对这一观点来说至关重要的是，针对某一国家部署预防性军力的正当性，使其自身易于采取防御措施，而不仅仅是以预测和对他人的恐惧为基础。

麦克马汉在他有关战争的其他著作中将此理论又向前推动了一步。[1]他认为，发动袭击引发的道德责任问题，无论是从群体层面还是总体上从政府或者国家角度出发，都是适用的。麦克马汉认为，我们必须考虑攻击的责任问题，使战争正当的原因——**诉诸战争权**（jus ad bellum，也译作开战正当性），也要考虑战时行为符合标准——**交战正义**（jus in bello，也译作交战正当性）。从道德层面来看，他认为每位士兵都应遵循其个人的行为和承诺，而非他人的；担负道德罪恶感的不应是那些非自愿入伍或被迫应征的士兵，而应是政治领导人，他们才应一直受到良心、道德的谴责。

因此，麦克马汉认为道德责任问题必定是进行个体化调查。毕竟归根结底，道德责任依靠的是个人行为和承诺。麦克马汉认为，传统正义

---

[1]　原注：Jeff McMahan, *The Ethics of Killing in War: The Oxford Uehiro Lectures* (Oxford: Oxford University Press, forthcoming).

战的规则严重忽视了个体化责任。

麦克马汉认为在还没确立目标个体之前不应实施个体化调查，包括针对敌军的每个士兵。这显然是不可行的，而且还容易使国家面对不义攻击时陷入灾难之中。但他强调一些概括性判断是容易做出的，并将有助于做出正当合理的军事决策。假如现在我们面临两支军队，其中一支是身经百战的志愿军，另一支是年轻的应征军。虽然无论击败哪一支军队都有助于击退不义的攻击，但我们似乎有更充分的理由选择志愿军作为击败的目标。麦克马汉只不过希望能在多伊尔的四条通用标准后再加一条，即**个体化责任**（individualized liability）。

在针对评论的回复中，多伊尔反驳说，针对国际舞台提出的标准，虽然通常无法像国内政治那样复制可预测性，但其可以改善决策和依此所做的评估。多伊尔坚信，学者和其他人制定出明确合理的标准，用于评估和指导预防性诉诸武力，这至关重要。

多伊尔教授以及几位评论者探讨了国家何时诉诸武装力量是正当的，其真知灼见使我们的谈话更深入，我们应向他们致以崇高的敬意。

第一章

先发制人

国家应在何时发动战争以达到自我保护的目的？又能在何时使用武装力量，或如采取封锁、制裁这样的战时强制措施来实现“**预期性自卫**”？[1]

这些国家是应该遵循现行国际法，等到**武装攻击**已经发动或攻击已经迫在眉睫时才行动；还是遵循现行**国际惯例法**，在必要性上具有**压倒性优势**，加之威胁**迫在眉睫**，而**无其他办法可供选择**且根本**无时间从长计议**的情况下，率先一击？[2]

传统的自卫观念认为，只有在面临有计划的袭击，且情况迫在眉睫时，才能采取先制性预防措施，而美国目前的战略学说已经完全摒弃了这种观念。尽管努力尝试采用先制这一术语，但布什总统一再强调他本人及他领导的美国政府承诺要更好地“**预防**”由“**凶残的意识形态**”（murderous ideology）拥护者所造成的威胁。2005年6月8日，布什在布拉格堡（Fort Bragg）发表声明：

---

[1] 原注：因此我对“战争”的方方面面都产生了浓厚的兴趣，即《联合国宪章》第七章中的一系列制裁措施，如强制制裁、全面封锁、陆海空武装行动等，此外还包括入侵和武装占领。

[2] 原注：“武装攻击”是《联合国宪章》第51条标准。对“迫在眉睫”这一标准的定义，源自1842年“卡罗琳号”事件中，美国国务卿丹尼尔·韦伯斯特的著名言论。详见 John Bassett Moore, *A Digest of International Law*, 217 (GPO,1906), 2:412; and R. Y. Jennings, *The Caroline and McLeod Cases*, 32 Am. J. Int’l L. 82 (1938)。

> "9·11"事件后，我向美国民众庄严承诺：我们将不会坐等攻击再次发生。我们要捍卫自由，打倒敌人。
>
> 伊拉克成为这场战役中的最新战场。那些在纽约、华盛顿、宾夕法尼亚杀害市民，杀死伊拉克巴格达街上无辜男女老少的恐怖主义分子，都是"凶残的意识形态"追随者。如今，我们只有一种对抗方法，即在恐怖主义者于本国内袭击美国民众之前就在海外率先击垮他们。[1]

布什总统如今（2006年冬）更关注他感受到的来自伊朗方面的威胁。近期在盐湖城致**美国退伍军人协会**的演讲中，布什总统宣称："世界如今正面临着来自伊朗激进政权的巨大威胁。我们已经饱受恐怖分子之苦，而其资助者就是伊朗。可以想象如果伊朗获得核武器，将有多么糟糕。"针对伊朗支持"黎巴嫩真主党"发动暴力、向伊拉克叛乱分子提供武器并令其本国民众丧失基本的人权保护，布什总结道："伊朗的挑衅必将带来恶果（联合国安理会决议终止核燃料再处理），我们坚决阻止伊朗发展核武器。"[2]几天后，以色列部长雅各布·爱德里（Jacob Edri）说，为限制伊朗核设施发展，美国对伊朗的军事打击在布什的第

---

[1] 原注：George W. Bush, "Address to the Nation on the War on Terror from Fort Bragg, North Carolina," *Weekly Compilation of Presidential Documents* 41, no. 26(28 June 2005): 1079–1084; see also George W. Bush, "Remarks to the National Endowment for Democracy," *Weekly Compilation of Presidential Documents* 41, no. 40 (6 October 2005): 1502–1508. 在"国家民主基金会"的讲话中，布什总统宣布，"在如今这个新世纪，伊斯兰激进分子'凶残的意识形态'是我们极大的挑战"。

[2] 原注：Anne Gearan, Associated Press, "Bush Warns Tehran Anew on Nuclear Weapons Program," August 31, 2006. 与此同时，俄罗斯、德国等均将武力对抗伊朗的策略排除在外，然而，伊朗如果仍未停止其提炼核燃料的工作，这些国家仍为使用其他制裁措施留有余地。Louis Charbonneau, Reuters, "Germany Says Iran Can't Be Allowed to Harm U.N.," September 6, 2006.

二届任期内是不可避免了。[1]

在这几篇论文中，我将探讨布什总统忽略的要点——比较政府在面临迫在眉睫的武装攻击威胁时采取**“先制”**行动，与为预先阻止（敌方）获得威胁性力量而采取**“预防”**行动这两种战略的区别。这种差别事关**“实质性”**标准或法规问题。同样，我将论证联合国安理会多边授权的意义，即授权使用武力的程序问题。因此，这些论文将从道德、政治和法律等不同角度探讨预期性自卫这一论题，而我也将着重关注以下两点：遵循何种法律和国家应做什么。

在第一篇论文中，我将阐述本人所观察到的主要问题：作为现行法规的国际法，与布什主义的先制理论均已不适应当今全球安全环境。当然，首先提出这些判断，我的真实目的是在第二篇论文中——我提出了针对战争及非战时备战政策的更好的预防标准，为美国及其他大多数守法国家提供更多的安全保障。

---

[1] 原注："Minister nennt Militärschlag gegen Iran unvermeidbar" [Minister calls military strike against Iran unavoidable], *Die Welt,* September 5, 2006, http://www.welt.de/data/2006/09/05/1024315.html.

一、国际法与现行标准

现行的国际法和标准存在以下四个问题：一、**实质性法规**（substantive rules）不完善；二、布什主义主观而且危险；三、联合国程序性规则的欠缺不足以弥补后续缺口；四、在国际舞台上违法不同于国内紧急事件，以整顿秩序为借口的做法不可行。本章将花大篇幅来着重探讨第一个问题。

实质性法规：自卫和先制性自卫

无论是自卫还是先制性自卫，在实质性法规建设方面都不够完善。根据传统标准《联合国宪章》第51条规定，国家必须是在“武装攻击”确已发生后方可行动；或根据国际惯例法，当在必要性上具有压倒性优势，加之情况迫在眉睫，无其他办法可供选择且无时间从长计议时，可采取行动。[1]

自卫

即使是在武装攻击案件中，自卫权的定义也并非如看起来那样明确。例如在“尼加拉瓜诉美利坚合众国”一案，即“尼加拉瓜案件”中，联合国国际法庭反对美国在萨尔瓦多使用武力对抗尼加拉瓜时，以

[1] 原注：详见本节第 022 页注释。

行使**集体自卫**（collective self-defense）权力而采取行动。美国上诉称，尼加拉瓜向萨尔瓦多叛军提供武器和物资的行为构成“武装攻击”，美国这样做只不过是为了对此做出回应，以显示其对萨尔瓦多的支持；而值得注意的是，所谓尼加拉瓜提供的物资并未获得证实。最终，联合国国际法庭坚持认为尼加拉瓜仅向叛军提供武器不足以构成武装攻击。除非这些武器看起来能够达到跨境武装入侵所产生的效果。[1]

在判决“尼加拉瓜案件”中，国际法庭部分依据联合国大会（UN General Assembly）的**“侵略定义”**进行裁决。尽管该定义的语言表述具有不确定性和非排他性，联合国大会还是于1974年公布了该“侵略定义”，即非法武装攻击包括以下行为：首先使用未经授权的武装力量；实施入侵、军事占领、轰炸；封锁港口和海岸；发起地面、海洋袭击或空袭；派遣武装部队对抗他国。[2]

诚然，自卫条款比非法攻击条款显示出来的一大堆问题更为复杂棘手。一本关于“自卫”的重要著作对其法律要素做出定义，即无论是个人自卫还是集体自卫都必须依循以下要求：一、防御为全部动机，不得掺杂对过往行为的报复和打击；二、以阻止正在进行中的武装攻击为目的，防止后续攻击和反复攻击，或为扭转局势（如击退非法占领）；三、对抗责任方，传统观点认为责任方是主权国家，“9 · 11”事件后也可能是恐怖主义组织；四、仅限于使用必要性且相称性手段；五、据

---

[1] 原注：Military and Paramilitary Activities (Nicar. v. U.S.), 1986 I.C.J. 14, 103–105 (June 27). 美国法官施韦贝尔（Schwebel）对此判定持有异议，认为尼加拉瓜对萨尔瓦多游击队的支持是如此全方位，以致构成武装攻击，这证明美国对萨尔瓦多的集体防卫，包括对尼加拉瓜的武装攻击均属正当。Id., 259（施韦贝尔的反对意见）.

[2] 原注：UN General Assembly Resolution 3314 (XXIX), art. 2, A/RES/ 3314, December 14, 1974.

《联合国宪章》第51条要求，自卫国家需向联合国安理会报告。[1]

第一条规定排除掠夺他国事件的发生。第二条设定“正在进行中的武装攻击”，是为了阻止单边预防性战争的发生。将先制战限定为只能反击迫在眉睫的威胁，依据的是国际惯例法和《联合国宪章》第51条中**“固有的”**（inherent）自卫权的表述。[2]第三条“责任方”这一说法在威胁来源和责任承担者之间确立了一层紧密的联系。如果该国是袭击者的原控制国或支配国，它理应承受防卫反击。但有些人争辩道，若该国未能有效地控制袭击者，那它也算作责任方，同样应受到惩罚。第四条规定所体现的标准——必要性和相称性——避免了“针锋相对”（tit-for-tat）的回应，也确实约束了合法自卫的发展。例如，美国在遭遇珍珠港袭击后，并非狭隘地意欲击沉数量相同的日本战舰，而是采取必要措施终止进行中的威胁，即便当时美国采取了包括对攻击者的武装入侵等方式，迫使日本接受持久和平。在此种情况下，如果遵循战争法（交战正义）的要求，“相称性”的标准也将得到保障。第五条即最后一条，“向安理会报告”的要求体现了安理会在维护全球和平与安全责任中扮演的主体角色，同样也反映了安理会在指导各国停战、终止威胁和调停等方面的权威，但前提是各国必须要坚信这是促进国际和平与安全的最佳办法。

“卡罗琳号”事件与先制战

毫无疑问，国际惯例法中的自卫条款包含了合法的先制回应。然

---

[1]　原注：对自卫的明确和全面探讨，参见 Mary Ellen O’Connell, *International Law and the Use of Force* (New York: Foundation Press, 2005), 240–285。

[2]　原注：I follow Oscar Schachter, *The Right of States to Use Armed Force*, 82 Mich. L. Rev. 1620, 1633–1635(1984), and the discussion in Lori Damrosch et al., *International Law: Cases and Materials*, 4th ed. (St. Paul, MN: West Group, 2001), 920–980.

而，惯例法是否有完善的标准来应对非迫在眉睫的威胁？19世纪发生的**“卡罗琳号”**（Caroline）事件为此提供了一个广为接受的标准。[1]尽管该事件被当作经典案例，但却是对先制性自卫的一次不成熟检验。

1837年，在“加拿大—美国”两国间危机不断加深之时，“卡罗琳号”事件发生，涉及美国与大英帝国的争端。在魁北克省，一些反叛者鼓动法裔加拿大小佃农去反抗他们的地主；而同时期，一些在加拿大西部安大略省落地扎根的美国移民者正在反抗老牌英国地主。这两起冲突事件都越过边境进入美国，使其成为由麦肯齐（W. L. Mackenzie）领导的“爱国者”（Patriot）叛军的避难之地。

1837年12月29日晚，遵照英国皇家海军安德鲁·德鲁（Andrew Drew）中校的指挥，56名加拿大民兵乘坐7艘小船，从位于英属加拿大境内尼亚加拉河畔的齐佩瓦（Chippewa）出发，意欲前往加拿大境内的海军岛（Navy Island），摧毁美国“卡罗琳号”蒸汽船。“爱国者”此前曾租用“卡罗琳号”来给自己的部队提供补给。加拿大方面以为“卡罗琳号”停在英属加拿大河域的中心——海军岛上。陆军上校艾伦·麦克纳布（Allan MacNab）——此次齐佩瓦民兵的指挥官，命令德鲁中校派出7艘小船袭击“卡罗琳号”。但当德鲁中校到达海军岛时并没有发现蒸汽船的影子，于是他带领5艘小船一路顺流而下，到了美国施洛塞尔堡（Fort Schlosser），并在那儿发现了停泊着的“卡罗琳号”。德鲁中校命令民兵登岸，突袭仍在睡梦中的叛军，最终控制了“卡罗琳号”。后来，德鲁回忆说民兵队杀死了五六个叛军，但当时报

---

[1] 原注：对“卡罗琳号”案件的细节描述，参见Kenneth R. Stevens, *Border Diplomacy: The Caroline and McLeod Affairs in Anglo-American-Canadian Relations, 1837–1842* (Tuscaloosa: University of Alabama Press, 1989), 1–17; and Jennings, *The Caroline and McLeod Cases*, 82–91。

道的死亡人数远远超过此数字，然而后来只证实一人死亡。德鲁军队在掌握控制权后，在“卡罗琳号”上放了一把大火，将其推入河中，“卡罗琳号”就这样顺着水流从尼亚加拉大瀑布中坠落了。

1841年，美国外交官就此事向英国提出交涉，认为“卡罗琳号”遭受不公正破坏。此后，美国国务卿丹尼尔·韦伯斯特和英国驻华盛顿大使亨利·斯蒂芬·福克斯（Henry Stephen Fox）就此事进行了一系列的会面并交换意见，最终解决了争端。

对于正当的先制性使用武力，美国国务卿韦伯斯特在一封信件中制定了四项准则。他提出，正当的先制性攻击必须满足以下四项准则：

（1）在必要性上具有压倒性优势；（2）无其他办法可供选择；（3）威胁迫在眉睫，无时间从长计议；（4）符合相称性。[1]

新任英国外交大臣阿什伯顿勋爵（Lord Ashburton）在权衡这些因素的分量和相关性后，在给韦伯斯特的答复中进行了辩驳，认为英国袭击“卡罗琳号”确实完全满足了以上条件。韦伯斯特虽然认为该事件有失公正，却还是接受了英国言不由衷的道歉。

麦克纳布陆军上校和德鲁中校确实有正当理由逮捕或驱逐海军岛的反叛者，若在岛上发现“卡罗琳号”也可攻击，因其位于英属加拿大领土范围内。但是，现代历史对“卡罗琳号”事件有着最全面的记录，其中明确显示，英属加拿大此次袭击“难以满足韦伯斯特于1841年4月

---

[1] 原注：参见 Jennings, *The Caroline and McLeod Cases*, 89; 有关国际法在该冲突中所扮演的角色分析，参见 John E. Noyes, “The Caroline: International Law Limits on Resort to Force,” forthcoming in *International Law Stories*。

24日提出的自卫要求”。[1]原因显而易见：第一，英国占据着极大的军事优势，因此没有必要袭击“卡罗琳号”。驻扎在齐佩瓦的麦克纳布军的兵力达到2500人，远远超过了海军岛上的麦肯齐军的兵力；估计麦肯齐军的兵力有150到800人。[2]第二，美国政府并不打算威胁加拿大。[3]相反，范布伦（Van Buren）总统曾传达指示，命令美国地方检察官起诉美国中立法的违法者，并要求海关官员不得介入。虽然这些方法的效果并不明显，但美国政府的友好态度显示出想要改善其与大英帝国关系的意愿。第三，英属加拿大军队并未遭遇迫在眉睫的威胁，因为同月早期，在近多伦多的蒙哥马利酒馆，政府军已打败反叛军。当德鲁中校并未在海军岛上找到“卡罗琳号”时，他本可以像军队其他人一样返航，等候下一步指令。此外，从“卡罗琳号”提供给“爱国者”补给来看，前者并没有构成迫在眉睫的威胁，而且也没有明确证据表明后者即将发动袭击。

因此，“卡罗琳号”事件本身并不足以使该案例如此声名远播。相反，卡罗琳准则是为维护美国主权而立。尽管现实与规则之间存在差距，但韦伯斯特为了恢复美英友好关系，仍接受了英国政府的致歉，更关键的是通过此事解决了像美国北部边界这样的重大问题。

然而，韦伯斯特在信函中声明的准则已经被尊为国际法中合理先制行动的黄金法则。事实上，该标准被应用到后续一系列历史事件中：

---

[1] 原注：Stevens, Border Diplomacy, 166. 更广泛的外交背景，参见 Howard Jones, *To the Webster-Ashburton Treaty: A Study in Anglo-American Relations, 1783–1843* (Chapel Hill: University of North Carolina Press, 1977)。但必须承认，按照 19 世纪的标准，德鲁决定只烧掉船而非摧毁整个施洛塞尔堡镇，是少见的适度行为。

[2] 原注：引述人数有 150 人，也有 800 人。参见 Stevens, *Border Diplomacy*, 10–12。

[3] 原注：Timothy Kearley, *Raising the Caroline*, 17 Wisc. Int’l L.J. 325 (1999).

纽伦堡法庭（Nuremberg Tribunal）驳回希特勒于1940年入侵挪威是合理先制行动的辩白[1]；**东京法庭**（Tokyo Tribunal）依此准则判决荷兰于1941年抢先对日本发动的战争是正当的。[2]直到安理会对以色列于1981年攻击伊拉克奥西拉克核反应堆（又称**"巴比伦行动"**）的预防性进攻定罪后，定义"迫在眉睫"的卡罗琳准则再次被启用。[3]尽管对于以上三个事件，法院都有充分的理由支持其判决结果，但它们是否经受得住卡罗琳准则的检验，目前尚不清楚。

卡罗琳准则过于极端，直到现在也无法证明在美国境内的袭击是否为英属加拿大迫在眉睫情况下的自卫。但可以确定的是，该袭击实际上并不是依据发布的《韦伯斯特—阿什伯顿条约》中的原则。此外，原则本身也存在种种弊端。它们能为面对迫在眉睫的威胁情况下的防御行动正名，但其作用也仅限于此。例如，即使是非和平方式，当时英军仍然有**其他选择**，且有**充分时间考虑**其他危险情况，但英军并没有留给本国政府充足的时间以保卫其合法自卫权益。像"卡罗琳号"这样的极端情况在现实中确属罕见。即便存在例外，如东京法庭接受了荷兰于1941年12月8日对日本的宣战，但除此外，没有任何一起案例是应用卡罗琳准则明确论证其先制行动合乎理法的，甚至找不到一个相关的经典案例，此问题并非无足轻重。事实上，"卡罗琳号"事件更好地证明了明确区分迫在眉睫情况下的先制行动和不被允许的预防行

[1] 原注：参见 *Judgment of the International Military Tribunal for the Trial of German Major War Criminals*, Cmd. 6964 (1946), 28–29。

[2] 原注：参见 B.V.A. Röling and C. F. Rüter, eds., *The Tokyo Judgment: The International Military Tribunal for the Far East (I.M.T.F.E.) 29 April 1946–12 November 1948* (Amsterdam: APA-University Press Amsterdam, 1977), 1:382。

[3] 原注：参见 UN Security Council Resolution 487, S/RES/487, June 19,1981。

动，确实困难。[1]

“卡罗琳号”关于迫在眉睫严格标准的背后蕴含着更深层次的问题，该标准站在伦理道德的制高点上思索**“危险”**和**“概率”**等重要因素。迈克尔·沃尔泽正是以此为出发点，解读1967年以色列—埃及间的“六日战争”（Six-Day War），并因此产生了巨大影响。[2]沃尔泽和其他学者对此案例的论证极具说服力：“若不采取行动就会对领土完整或政治独立造成严重危害”时，该国率先使用武力是合法的自我防御行为。[3]沃尔泽补充道，当敌方积极备战，**“充分威胁”**（sufficient threat）已被证实，伤害意图明显，继续无所作为只会任由危险急剧扩张时，扩大“先制战”的适用范围就变得合理合法。[4]当将法治的优点与国家安全结合时，这些标准向前迈进了一大步。

虽然这些标准的指导范围已愈加宽泛，但仍不足以指导我们如今所生活的世界。[5]1967年“六日战争”中以色列率先开战，相关评论者声

[1] 原注：实际上，更优辩答是英国外交部法律顾问做出的，“我认为我们有义务向阁下介绍，考虑英国当局行为合理的前提是，必须把它当作应对未来的防范措施，而不是报复过去的举措。”详见 Jennings, *The Caroline and McLeod Cases*, 87, quoting Report of March 25, 1839, signed by J. Dodson, I. Campbell, R. M. Rolfe, F.O. 83. 2207 (emphasis in original)。也可参见 W. Michael Reisman, *International Legal Responses to Terrorism*, 22 Hous. J. Int'l L. 3, 44 (1999)。

[2] 原注：Michael Walzer, *Just and Unjust Wars: A Moral Argument with Historical Illustrations* (New York: Basic Books, 1977), 80–85.

[3] 原注：Michael Walzer, *Just and Unjust Wars: A Moral Argument with Historical Illustrations* (New York: Basic Books, 1977), 85.

[4] 原注：Michael Walzer, *Just and Unjust Wars: A Moral Argument with Historical Illustrations* (New York: Basic Books, 1977), 81.

[5] 原注：先制战的真实案例实属罕见。详见 Dan Reiter, “Exploding the Powder Keg Myth: Preemptive Wars Almost Never Happen,” *International Security* 20, no. 2 (1995): 5。根据当今情况，本人认为将会出现更多的正当情况。

称以色列知道埃及总统纳塞尔（Nasser）并无计划出击，他只是虚设幌子。[1]但沃尔泽的核心观点认为，像以色列这样一个民主小国，如果必须保持动员军队，进而持续抵抗埃及军队，那么以色列势必无法存活。在这类案件中，“**充分性**”（sufficiency）与积极防备有预谋的袭击是截然不同的概念。鉴于当时的威胁环境，支持行动的理由有说服力吗？

新的不安全性

当今世界，大规模杀伤性武器尤其是可交付使用的核武器所带来的危险，加上好战的非国家行为体的增多，使得“积极备战”（active preparation）的证据很难被发现，并针对此类危险做出有效的先制预防。坐等迫在眉睫的突袭信号出现，其可能伪装成危险不会明显增加，直到受害国遭到突然袭击，就像“9·11”事件中出现的情况那样。[2]

起初，人们可能会辩驳，为了阻止这些新兴威胁，并没有充分的理由去摒弃传统的治国方略工具。

第一，**劝阻**（dissuasion）或**非武力预防**能通过改变武力威胁肆意发展的战略环境，来应对部分长期威胁。有一种劝阻模式叫作“**排干沼泽**”（draining the swamp），具体方式分为强化国力、鼓励法制和增加经济机会。凭借现有力量、花费少量成本，使发表的声明获得合法地位或被采纳，一些威胁应该或者也能够平息。例如毛泽东时代的中国在联

---

[1] 原注：关于该问题的讨论，参见 Richard K. Betts, “Striking First: A History of Thankfully Lost Opportunities,” *Ethics and International Affairs* 17, no. 1 (2003): 17–24。

[2] 原注：详见斯坦伯格（James Steinberg）的深入调查、分析，“The Use of Preventive Force as an Element of U.S. National Strategy” (working paper, Princeton Project on National Security, 2006), http://www.wws.princeton.edu/ppns/papers/Steinberg_Preemption.pdf。

合国获得合法席位和俄罗斯接替苏联席位，就是两个类似例子。在过去，一些恐怖主义组织及其成员，如斯特恩帮（Stern Gang，以色列建国前的犹太复国武装组织）、巴勒斯坦解放组织（PLO）、爱尔兰共和军（IRA），都已接受法理政治。[1]占领可能激起恐怖分子的反击，如果真的发生，非正义的占领在国际外交中应被终止。[2]

第二，建立良好的防御体系可以**规避**（deny）其他威胁。如今此类防御的例子，包括**国际原子能机构**（International Atomic Energy Agency，IAEA）实施安全检查以限制核扩散，加强边境控制，确保化学品与核储备的安全，加大船运集装箱与航空行李的监察力度。[3]2004年4月28日，联合国安理会采纳了一项里程碑式的提案，通过“第1540

---

[1] 原注：关于恐怖分子和反恐战略及进化路径的全方位阐释，详见 Audrey Kurth Cronin, “How al-Qaida Ends: The Decline and Demise of Terrorist Groups,” *International Security* 31, no. 1 (2006): 7–48; and Andrew H. Kydd and Barbara F. Walter, “The Strategies of Terrorism,” *International Security* 31, no. 1 (2006): 49–80。

[2] 原注：详见 Robert Pape, *Dying to Win* (New York: Random House, 2005)。需要注意的是，Pape 的观点只适用于自杀式恐怖主义，而非所有形式。Robert Pape, *Dying to Win* (New York: Random House, 2005), 9–11. 但即便如此，批评者仍引用一些特殊案例作为反例，如在 1967 年占领约旦河西岸前，关于恐怖主义对抗以色列的大量记录。详见以色列外交部长发言：“Which Came First—Terrorism or Occupation: Major Arab Terrorist Attacks against Israelis prior to the 1967 Six-Day War,” March 31, 2002, http://www.israel-mfa.gov.il/MFA/Terrorism+Obstacle+to+Peace/Palestinian+terror+before+2000/Which+Came+First-+Terrorism+or+Occupation+-+Major.htm。

[3] 原注：2006 年 9 月，联合国大会签署一项加强版的国际资助战略，以改善边界管控问题，详见 Nick Wadhams, Associated Press, “U.N. General Assembly Adopts New Counterterrorism Strategy,” September 8, 2006。至今为止，俄国已销毁其有毒化学物 3% 的库存，而美国已经销毁了其库存的 39%（美国有毒化学物的库存量位居世界第二）。Judith Ingram, Associated Press, “Russia Opens Weapons Destruction Plant,” September 8, 2006.

号决议”（SCR 1540）——禁止任何国家协助非国家行为体获取大规模杀伤性武器。但由于缺少认同和国际执行力，两年后联合国又签署了一项后续决议，即“第1673号决议”（SCR 1673）；该决议重申了此保证，但仍然无法保障国际执行力。一些国家甚至建议采取导弹防御，但无论过去还是现在都不可能成功抵御苏联式的大规模袭击，却能卓有成效地抵御一些小型攻击，如朝鲜和伊朗的攻击。[1]

第三，威胁很难规避时，**威慑**（deterrence）可能会起作用。冷战中威慑遏制了苏联威胁，后者比今天任何一种威胁都重大，威慑能有效地阻止我们如今正面临的很多威胁（详见下文）。[2]除此外，还有其他形式的**“强制性外交政策”**（coercive diplomacy），包括经济禁运以控制威胁能力的发展，或当威胁持续时，警示其将付出代价。[3]

尽管如此，如今日益突出的威胁无法完全受控于此种传统对策。单边武装攻击和多边强制措施相结合的预防对策很有必要，而这又与和平外交策略——从多边经济制裁到封锁式干预，再到全面武装入侵——相抵触。

例如，某些形式的**恐怖主义**很难仅通过像经济发展这样的长期劝阻手段去预防，恐怖分子的动机很少是因为缺少工作机会。[4]尤其是通过

---

[1] 原注：此项建议是由鲁斯·韦奇伍德（Ruth Wedgwood）提出。

[2] 原注：此前针对威慑有过一场激烈辩论，布什政府曾极度低估威慑的效用，详见 Ian Shapiro, *Containment: Rebuilding a Strategy against Global Terror* (Princeton: Princeton University Press, 2007)。

[3] 原注：Alexander George, *Forceful Persuasion* (Washington, D.C.: U.S. Institute of Peace, 1991).

[4] 原注：参见 Alberto Abadie, “Poverty, Political Freedom, and the Roots of Terrorism” (National Bureau of Economic Research Working Paper No. 10859, 2004), http://www.nber.org/papers/w10859; Alan. B. Krueger and Jitka Maleckova, “Education, Poverty and Terrorism: Is There a Causal Connection?” *Journal of Economic Perspective* 17, no.

根除薄弱点（规避手段）以保护开放社会实现对恐怖主义的防御，是非常困难的，也是自始至终被拒绝的，部分原因是全方位防护的成本高，部分原因是如今社会通常拒绝遍布警察的措施，即使这是对抗恐怖主义最有效的方式。举个例子，在斯大林时期的苏联，除了国家实施的恐怖主义，鲜有恐怖主义事件的发生。[1]相反，积极的预防措施在如今看来是更好的策略。参议员萨姆·纳姆（Sam Nunn）是保卫发散性核武器和核材料方面享有盛誉的专家，他说，“获取材料和武器对恐怖分子来说是最困难的一步，对我们来说却是阻止他们最简单的一步。对比随后过程的每一环节，恐怖分子会越来越容易实现其目标，我们会越来越难以进行阻止”。[2]这一理论对另一位赫赫有名的专家格雷厄姆·艾利森（Graham Allison）有指引作用，他建议采用合作、多边的预防战略，共同保证“**不放松核武器管控**”“**没有新生核武器**”和“**预防新的核武器国家出现**”等目标的实现。[3]

仅靠威慑可能同样难以防范当今的一些威胁。众所周知，恐怖分子防不胜防。如今最凶恶的恐怖主义运动，如基地组织（al Qaeda）、哈马斯（Hamas）、真主党（Hezbollah）、泰米尔猛虎组织（Tamil Tigers）及其他组织，为实施所谓的殉难行动，会招募自杀式爆炸袭击

4 (2003): 119–144。

[1] 原注：有关美国日常运输核能和其他生化危险材料的隐患，详见 Graham Allison, *Nuclear Terrorism: The Ultimate Preventable Catastrophe* (New York: Times Books, 2004), 104–120。然而，恐怖主义核爆炸或生化袭击是发生可能性最低的一种威胁；恐怖分子更常使用的是脏弹（发动恐怖爆炸式袭击，引发放射性物质四处散播），造成大范围伤害。

[2] 原注：Senator Sam Nunn, “Preventing Catastrophic Terrorism” (lecture, International Institute for Strategic Studies, London, January 20, 2003), quoted in Allison, *Nuclear Terrorism*, 199.

[3] 原注：Allison, Nuclear Terrorism, 140–175.

者，因此威慑报复对这些人来说不仅不是惩罚，反而成了奖赏。这类威胁难以规避，因为这类袭击缺少一个与之有利益关系的易受攻击的国家作为威慑打击的对象，因此无法制定可靠的反击决策。失败国家为恐怖组织的行动提供了空间，但恐怖组织没有维持法律和秩序的动机，有名无实的政府当局也无法做到这一点。如今，巴基斯坦西部就是这样的避难所；同样让人忧心的是伊拉克局势恶化到如今这步田地。但最令人不安的是，一旦拥有核武器的国家破产，后果将不堪设想。如果金正日或佩尔韦兹·穆沙拉夫（Pervez Musharaff）政府突然垮台，放弃对核武器军械库的控制，将会发生什么？[1]最后就真的像布什政府口中的"**个人阴影网络**"（shadowy networks of individuals）那样，恐怖主义组织暗中操作，不会像军队在边境附近集结，不会留下大量的蛛丝马迹让人迅速察觉并锁定。

最后一点，尽管所谓的"**无赖国家**"（rogue states）也许能受到威慑，但大多也只是在某程度上受到威慑，或者威慑必须付出极高的道德代价。很少有人相信萨达姆·侯赛因（Saddam Hussein），以及如今的金正日会倾向于攻击美国。萨达姆在1990年第一次海湾战争中的行为极为理性。当时他面对的敌对势力是由美国领导的联合军队和以色列，他清楚如果不用生化武器，这场战争极可能会失败，但萨达姆还是做出决定放弃使用生化武器。他正确推断出这一行为将会招致大规模致命性的打击，不仅会损害他的政权，还会危及他本人。[2]

---

[1] 原注：详见 Michael O'Hanlon 就此方面情况的深度探讨，"Dealing with the Collapse of a Nuclear-Armed State: The Case of North Korea and Pakistan" (working paper, Princeton Project on National Security, Princeton, 2006), http://www.wws.princeton.edu/ppns/papers/ohanlon.pdf。

[2] 原注：John J. Mearsheimer and Stephen M. Walt, op-ed, "Keeping Saddam Hussein

而一个拥有核武器的萨达姆，就会成为中东地区极度危险的人物，隐含着代价极大的可能超出本地区的危险性。萨达姆也可以将核武器或核材料扩散给恐怖分子以达到扰乱西方的目的，希望利用相对混乱的核武器来源状况隐藏其供应者的身份。萨达姆可以更加理性和直接地以此威胁国际社会容忍他占领科威特，否则他就利用这些武器去摧毁沙特油田。而油田的毁坏必将导致世界经济再次陷入20世纪30年代危机的惨状。从另一方面看，如果放任萨达姆掌控科威特，将会威胁整个地区，使其能够在未来制造石油危机。美国可以轻而易举地威胁说，投放一枚原子弹就能摧毁巴格达。但是以数十万伊拉克无辜平民的生命为代价，而且萨达姆无论如何都能成功摧毁油田，那么，做出这样的威胁是可接受的吗？[1]

由此可知，阻止萨达姆获取可立即投入使用的核武器非常重要。下文将探讨如何做到。

简单来说，在冷战期间成功遏止苏联是一种误导。苏联不同于基地组织，却有点像萨达姆和金正日，是可以用理性来遏止的；但与萨达姆和金正日（或许还有伊朗人）又有不同，苏联人也是容易满足的。总结起来，苏联人兼具理性和容易满足的特点。尽管他们所采取的部分行动似乎证明了，这种说法有误（正如下面所要讨论的情况）。直到1945年，苏联一直都在尽可能多地获取它能够消化的东欧领土。但是萨达姆·侯赛因不满意，金正日和艾哈迈迪·内贾德似乎也不满意。**大规模杀伤性武器**（Weapon of Mass Destruction，WMD）在他们手中就变成

---

in a Box," *New York Times*, February 2, 2003, A15.

[1] 原注：详见 Kenneth M. Pollack, *The Threatening Storm: The Case for Invading Iraq* (New York: Random House, 2002), 243–280。布什政府施加的入侵压力越来越大，这本有见识、有影响力的书，能够帮助解除对此持反对意见的大部分声音。

了颠覆和侵略的保护伞。

布什主义的“先制”实际上是“预防”

当代替代传统国际法的理论是布什主义。在2002年9月发布的《**国家安全战略**》中，布什政府公开宣布了这一**先制**行动主张，但实为**预防**“拥有大规模杀伤性武器的敌人对本国、盟国和友方造成威胁”。这份文件详细阐述了“威胁越大，不作为的风险就越大——敌方袭击的时间和地点不确定性越高，采取预期性行动自我保护的事例就越有说服力”。[1]按照副总统迪克·切尼（Dick Cheney）的话来讲，这就是“百分之一主义”，言外之意是即使发生大规模武器袭击的机会只有百分之一，也足以导致难以预计的风险。[2]如今伴随着恐怖袭击发生的可能性日趋增大，美国会面临不可避免的风险。

布什政府推理路线的一个直接问题是——这个世界充满由“**凶残的意识形态**”所引发的风险，但资源是有限的。这就要求必须平衡风险与应对风险的成本。首要任务是决定孰轻孰重，哪件事应率先解决，哪件事可以暂时搁置。

另一个问题是，允许任一个主权国家像布什政府那样，以主观的、开放的标准鉴别威胁。援引主权平等原则，其他任一国家都可以要求行使平等权利，可以同美国一样任意地怀疑威胁来源并采取行动，结果是

---

[1] 原注：National Security Council, *The National Security Strategy of the United States of America* (Washington, DC, 2002), 1, http://www.whitehouse.gov/nsc/nss.pdf.

[2] 原注：详见 Ron Suskind, *The One Percent Doctrine: Deep Inside America's Pursuit of Its Enemies since 9/11* (New York: Simon & Schuster, 2006), 62。

终将引发混乱。[1]除非所有国家对具体威胁的构成是何物的认识达成一致——实际上这种期待几乎从未实现过——否则每个国家都会抢先制止其他国家的预防性打击。[2]

意识到这一进退维谷的局面，**布什主义**试图将预防性战略的针对目标精确到“凶残的意识形态”追随者和“邪恶轴心国”成员中，[3]尤其是凶险且持续增长的威胁。[4]但布什总统指出的这些潜在威胁缺乏证明分类正当的特性。[5]

---

[1] 原注：瓦特尔（Emmerich de Vattel）在原则与结果两方面都给出了定义，“侏儒不比巨人差，一个小的主权完整的共和国家也不比最强有力的王国差。平等是必然结果，符合一国法律体系的，必然同样适用于其他任何国家；同理，在该国不正当的情况，对他国来说也是同样无法容忍的。” Emmerich de Vattel, “Preliminaries,” in *The Law of Nations*, 18–19 (Philadelphia: T. & J. W. Johnson, 1867), lxiii. 有关主权平等的深入探讨，详见 Thomas H. Lee, “International Law, International Relations Theory, and Preemptive War: The Vitality of Sovereign Equality Today,” *Law and Contemporary Problems* 67, no. 4 (2004): 147–167; and David J. Luban, “Preventive War,” *Philosophy and Public Affairs* 32, no. 3 (2004): 207–248。

[2] 原注：在国际政治中，这被称为“安全困境”（security dilemma）和“懦夫博弈”（chicken game）。“安全困境”指无法从入侵性战备中辨别出防御性战备而引发军备竞赛；“懦夫博弈”指边缘政策若受到挑衅，就意图通过表现决心来防止被剥削，从而逐步演变成战争。详见 Robert Jervis, “Cooperation under the Security Dilemma,” *World Politics* 30, no. 2 (1978): 167–214。其基本主题是，安全困境各不相同，并不是一成不变的。

[3] 原注：参见 George W. Bush, “Address before a Joint Session of the Congress on the State of the Union,” *Weekly Compilation of Presidential Documents* 38, no. 5 (January 29, 2002): 133–139.

[4] 原注：例如可参见 George W. Bush, radio address, “Iraqi Regime Danger to America Is ‘Grave and Growing’,” *Weekly Compilation of Presidential Documents* 38, no. 40 (October 5, 2002): 1656–1657。或网站 http://www.whitehouse.gov/news/releases/2002/10/20021005.html。

[5] 原注：事实上，布什总统的一位前发言撰稿人曾提议，将朝鲜、伊拉克和伊朗共同视为“轴心”三国，就像第二次世界大战中的德国—意大利—日本一样。详

与布什总统所做的预防性论证相似的情况，在过去曾经出现过一次：那是在冷战期间，是否对即将成功研发出原子能武器的苏联等国发动预防性攻击，利用相关理论做过辩解。[1]但现在回想起来，大多数人仍觉得幸运，冷战本身只是“冷”威慑斗争而非“热”预防战争。

若布什主义如今被全球采纳，它能为巴基斯坦与印度开战敞开大门，甚至可能包括其他地区。[2]目前，当美国政府视朝鲜和伊朗的核武器项目为威胁时，这两国政权无疑也会将布什政权视作威胁。如此说来，双方都有权展开预防性攻击吗？甚至黎巴嫩真主党领袖哈桑·纳斯鲁拉（Hassan Nasrallah）酋长最近也宣称，如果知道黎巴嫩会蒙受如此大的损失与破坏，其领导的组织绝不会在2006年7月向以色列发动武装袭击。他接着声称，真主党的先制性攻击使黎巴嫩得以免遭以色列计划于9月或10月发动的更严重的袭击。[3]

假设将所有的长期意图和国力等不确定性因素考虑在内，缺少公正标准的预防主义似乎不仅导致了国际社会的极端不稳定，还大幅度地削弱了道德的限制作用。最终，太多的人将因自私和不了解实情的政治领导人的直觉而丧命。

甚至传统的自卫标准也被滥用。事实上，1848年2月，时任众议员亚伯拉罕·林肯（Abraham Lincoln）谴责波尔克（Polk）总统，在无事

见 David Frum, *The Right Man: The Surprise Presidency of George W. Bush* (New York: Random House, 2003), 231–239。

[1] 原注：详见 Betts, “Striking First,” 21–22。

[2] 原注：对布什主义及类似言论的深入批判，详见 Neta Crawford, “The Slippery Slope to Preventive War,” *Ethics and International Affairs* 17, no. 1 (2003): 30–36。

[3] 原注：Borzou Daragahi, “Hezbollah Leader Regrets Kidnapping Israeli Soldiers,” *Cincinnati Post*, August 28, 2006, A14（引自 Nasrallah 在 New TV network 一次两个小时访谈中的评论）.

实根据的情况下声称墨西哥袭击美国，是为得克萨斯战争正名，林肯因此而出名。“同意总统入侵邻国，”林肯说道，“不管是为击退侵略者，还是总统认为有必要这样做而允许他随意发动战争……假设今天，他决定说他认为有必要入侵加拿大以阻止英国侵略我国，你要怎么制止他？你可能说，‘在我看来英国不可能入侵我国’；但波尔克会回答你，‘闭嘴，我看到了，只是你没看出来’。”预防标准因其主观性和抽象性，常会屈服于无法证实的主张之下，很难进行争辩；仅仅是因为他们自私，只注重狭隘的党派利益。[1]

针对这些问题有一个答复是引用美国的“**例外主义**”（exceptionalism）——也就是说美国是特别的，是一个拥有霸权责任和霸权能力的国家。美国声称的通过保护自身来保护他国的权利，不适用于其他弱国。但美国自诩的这种特殊权利鲜被他国承认。再者，即便美国出自真心想要监管世界，其本国人民是否愿意承担这副重担还不尽可知。[2]

安理会程序性补救措施

我们通常通过程序性标准解决事前不确定性、信息不完全和理解中的动机偏差等问题。做决断时，通常会由公正的决策者（至少是多位）进行结构化的思考和辩论，典型的说法是：尊重人类思想。

一方面，当前国际法规定单边预防行动是违法的。另一方面，多边预防行动不仅合法，也是威胁出现时必须要考虑的。《联合国宪章》第

---

[1] 原注：引自 Arthur Schlesinger, Jr., “Bush’s Thousand Days,” *Washington Post*, April 24, 2006, A17。

[2] 原注：戴维·鲁邦（David Luban）在其《预防性战争》中持此观点，并给出一系列理由表达其反对意见，包括上文提及的观点。

七章第39条规定了安理会多边决策制定的程序，授权安理会，实为要求安理会“必须”“对**任何**威胁和平、破坏和平及侵略行为的存在做出判定”，并视情况需要采取以下安理会认为合适的行动措施，包括强制性禁运，海陆空三管齐下的强制措施等。[1]安理会被赋予特别权利，不但可以针对已经发生的破坏和平行为与侵略行为做出应对措施，还可以在“**威胁**”成为现实之前将其解决——不仅是迫在眉睫的威胁，“任何”威胁都包含在内。这样的强制性措施适用于联合国所有成员方。[2]因此无论何时，当主权国家得到15个成员国中的9票，且五大常任理事国（美国、俄罗斯、法国、英国、中国）没有投否决票时，该国就可以发动合理且完全合乎法规的预防性行动。众多言辞激烈的评论者与拥护者在谈到强力预防性行动时，如同莫里哀（Molière）代表作之一《贵人迷》（*Bourgeois Gentilhomme*）中的汝尔丹先生（Monsieur Jourdain）一样高谈阔论，却根本不谈其合法性。因此，真正的问题在于：谁能授权实施预防性战争，又该采用何种标准监管它。

作为对当前反恐怖主义和大规模杀伤性武器扩散挑战的一个适当回应，该程序性方案在联合国秘书长著名的“威胁、挑战与变革高级专家组”（High-level Panel on Threats, Challenges and Change）的报告中得到再次确认。[3]安理会进程解决方案一方面在国际法上明确了义务，另

---

[1] 原注：UN Charter art. 39（重点标注）.

[2] 原注：UN Charter art. 25.

[3] 原注：UN Secretary-General, *Report of the Secretary-General's High-level Panel on Threats, Challenges and Change* (2004), 63–67, http://www.un.org/secureworld/report2.pdf. 此专家组成员包括声名卓著的前美国国家安全顾问布伦特·斯考克罗夫特（Brent Scowcroft）、前任联合国难民事务高级专员绪方贞子（Sadako Ogata）和其他相关人士。该专家组重申了传统正义战中的相称性原则和最后手段，并强调将其作为实质性的指导方针。该专家组由联合国委任，目的在于对预防性自卫

一方面在准审议、准代表性进程方面也做到了公正合理。

程序合法性在多边会谈过程中得以加强，一国政府要想其预防性措施获得授权，必须说服至少9个安理会成员国投赞成票。安理会成员国的多样化，要求通过预防性行动这一提案必须超越狭隘的利益、意识形态和单一国家文化的限制。最低门槛也得成功说服5个常任理事国。这5个国家包括1个超级大国和4个强国；既有亚洲国家（中国），也有西方国家；囊括儒家、东正教、基督教等不同教派；涵盖中央集权经济（中国和俄罗斯）、自由主义经济（美国）和社会民主经济（法国和英国）等经济体制。除五大常任理事国外，安理会还包括10个被推举的国家，它们在传统意义上都是来自拉丁美洲、非洲和亚欧边缘的国力较弱、相对贫穷的国家。10个国家中任意7国反对就可驳回联合国的授权。[1]

我不希望将这一进程说成是接近“理想的发言情境”。[2]安理会是重大问题发生时真正的政治竞技舞台。强国以各种方式对弱国施加压力，包括金额巨大的外国援助这种著名案例。最明显的莫属美国，就算未经合法授权，也会通过“**外部选项**”来施行单边主义，为美国的要求再增添额外砝码。[3]但若只把安理会当作一个为美国谋利益的“**橡皮图**

进行限制，即需要事先得到安理会的授权。参见 UN Secretary-General, *Report of the Secretary-General's High-level Panel on Threats, Challenges and Change* (2004), 191。

[1] 原注：参见 Thomas Franck, *Fairness in International Law and Institutions* (Oxford: Clarendon Press, 1995)，对“全球陪审团”的论述。

[2] 原注：例如，尤尔根·哈贝马斯（Jürgen Habermas）在其著作中概述公平程序是公平结果的正式保障。详见 *The Theory of Communicative Action*, trans. Thomas McCarthy (Boston: Beacon Press, 1984)。

[3] 原注：关于美国霸权对联合国安理会的影响，详见 José E. Alvarez, *International Organizations as Law-makers* (New York: Oxford University Press, 2005), 199–216; and Erik Voeten, “The Strategic Use of Liberal Internationalism: Libya and the

章”[1]，那就大错特错了。安理会投票反对美国第二次打击伊拉克就是最好的证明。尽管布什政府投入了大量或积极或消极的诱因，但武装干预并没有获得授权，这说明该进程不是美国呼之即来的橡皮图章。

尽管安理会进程看起来是一种清晰且令人满意的解决方案，但它还存在两个问题：第一个问题，安理会在过去有很多不负责任的表现，例如使用武力已获得共识却无授权；第二个问题，当预防性武力获得授权时，安理会却缺乏实质性的具体标准来指导相关审议工作。

面对第一个问题，我想到联合国未能在科索沃和卢旺达及时采取行动解决这两起人道主义突发事件，以及未能及时处理一些较小的决定。[2]正如汤姆·法瑞尔（Tom Farer）、罗伯特·基欧汉（Robert Keohane）和艾伦·布坎南（Allen Buchanan）三位学者所言，安理会遭受不负责任的否决时，往往考虑不到合法的国家安全需求。[3]国家在什

U.N. Sanctions, 1992–2003,” *International Organization* 59, no. 3 (2005): 500–503。

[1] 编注：指按照常规而不加判断地赞同、批准或处理（文件或政策等），或者受别人或其他机构之命令或示意而赞同、批准或处置。

[2] 原注：较小的决定包括他国投否决票，致使无法延长马其顿和平行动授权。但实事求是，在 1946 到 1977 年间，中国投否决票次数最少，共计 4 次，苏联 / 俄罗斯和美国投否决票次数最多，分别是 116 次和 72 次；这期间各成员国总否决次数为 202 次。详见 Sydney D. Bailey and Sam Daws, *The Procedure of the U.N. Security Council*, 3rd ed. (Oxford: Clarendon Press, 1998), 231–239。重点是，常任理事国成员威胁使用否决票，这种威胁足以影响正常的议题结果。

[3] 原注：法瑞尔针对削弱区域组织甚至是个别国家的行为，给出了一个极具说服力的理由。他还补充说，为避免以不正当武力攫取资源，国际法庭对这类毁损所做的司法判决应具有追溯效力。详见 Tom Farer, “A Paradigm of Legitimate Intervention,” in *Enforcing Restraint: Collective Intervention in Internal Conflicts*, ed. Lori Fisler Damrosch (New York: Council on Foreign Relations Press, 1993), 316。基欧汉与布坎南二人，除了对法瑞尔的观点进行延伸分析外，更提出充分论据，证明将此类决定交付民主国家联盟，其宪法程序和民主原则使其能更好地担负起人道主义原则的保证人。预期性自卫同样适用于此论点。详见 Allen Buchanan and Robert

么时候会觉得无须安理会授权，发起预防性行动是合理合法的呢？程序性标准是一个不尽如人意的解答。

对于第二个问题，法治和全球公众礼让原则要求安理会进行实质性审议。要超越“任何”的决定标准，安理会本身需要15票中的9张支持票。不是每一个正当理由都可被判定为合法预防。同样，那些决定绕过安理会或未经安理会授权就采取预防性措施的国家，必须在国际和国内公众面前对这些决策做出合理解释；如果法瑞尔、基欧汉和布坎南的程序性标准被采纳，那这些国家接下来还得应对国际法庭。

针对可感知的“对和平的威胁”——不构成迫在眉睫的攻击，依据《联合国宪章》第七章，安理会有关于预防性行动的长期记录，且在大多数情况下值得称赞。例如，安理会于1966年对罗德西亚和1977年对南非实行强制性制裁，其程度相当于军事封锁。[1]洛里・达姆罗（Lori Damrosch）依据《联合国宪章》第七章，成功地确定了大范围威胁和平的因素，制定了一份后冷战时期的三年理事会活动扩展清单，如种族灭绝、种族清洗和战争罪行（前南斯拉夫共和国、伊拉克、利比亚）；干预人道主义物资援助（前南斯拉夫共和国、伊拉克、索马里）；违背停火协议（前南斯拉夫共和国、利比亚、柬埔寨）；使社会秩序瓦解（利比里亚、索马里）；针对民选政府的政变（海地）。[2]

从这些记录中，安理会是否能得出标准，在下一次面对假定威胁

O. Keohane, “The Preventive Use of Force: A Cosmopolitan Institutional Proposal,” *Ethics and International Affairs* 18, no. 1 (2004): 1–22。Cornelius Bjola 对通过交流进行审议的方式提出同样论点，详见 Cornelius Bjola, “Legitimating the Use of Force in International Politics: A Communicative Action Perspective,” *European Journal of International Relations* 11, no. 2 (2005): 266–303。

[1] 原注：UN Security Council Resolution 418, S/RES/418, November 4, 1977.

[2] 原注：Lori Fisler Damrosch, introduction to *Enforcing Restraint*, 10–14.

时证明预防性措施正当？一方面，确定何种特殊人道主义标准会激发安理会的**“保护责任”**，另一方面，在授权强制措施时需要对哪些因素进行综合考量，安理会在这两方面的尝试中取得重大进展。[1]诚然，在实际行动中，安理会将以上两点合二为一。能否将个体自卫或集体自卫原则，从构成人道主义行动的更广泛理由中区分开来？[2]我们不必推倒重来，而应完善标准，并阐释如何将这些标准应用到诉讼案件中，判断哪些案件属于积极预防行动模式，哪些属消极预防行动模式。我将会在下文中分析该挑战。

理由与减轻惩罚

最后，托马斯·弗兰克（Thomas Franck）和其他有影响力的学者建议，不应改变先制性自卫或预防性自卫的相关法律，因为这种需求很罕见，又容易被人滥用。相反，在一些极具争议的极端情况下，一些国家的预防性自卫是合乎情理的，我们也必须承认一些国家已然超出“**必要**”的预防性使用武力的范畴，打破禁忌，这也是我们极力谴责的；道德环境如此，他们的行为被原谅，惩罚也被减轻。[3]

---

[1] 原注：参见 UN General Assembly Resolution 60/1, “2005 World Summit Outcome,” 38–41, A/RES/60/1, October 24, 2005。

[2] 原注：这两类更加难以区分。安理会期望在人道主义紧急事件中建立一套集体自卫标准，因为《联合国宪章》第七章的授权不包括人权，仅限于扰乱国际和平与安全的威胁或行动。

[3] 原注：参见 Thomas M. Franck, *The Use of Force in International Law*, 11 Tul. J. Int’l & Comp. L. 7, 13 (2003)（考虑到“情况的紧急性和在极端需求下的少数例外，允许灵活运用当今法规”），及 Richard Gardner, *Neither Bush nor the Jurisprudes*, 97 Am. J Int’l. L. 585 (2003)。也可参见 William C. Bradford, *“The Duty to Defend Them”: A Natural Law Justification for the Bush Doctrine of Preventive War*,79 Notre

家有饥儿，父母偷取食喂养他们，极少受到惩罚，对此我们并没有制定单独的刑法。[1]如果预防与否的决定可以随意切换，因错误预防或错误弃权而蒙冤受屈的受害者可以获得充分的赔偿，那这项政策就完全可行。对于贫瘠家庭偷走的食物，杂货店可以获得赔偿；但那些遭受侵略、占领，或许由于错误预防或错误弃权而遭到毁坏的国家，却难以获得充分的补偿。

同样，如果需要考虑预防性行动是否合理，那么该项政策可能会被要求证明具有合理性，这确实是一种极为罕见的现象；不幸的是，国际体系中出现的预防性行动远非极端情况。由上文安理会记录可知，获得《联合国宪章》第39条授权的合法多边行为只显示了一项记录，而单边预防性战争，我们能找到长长的记录。

马克·特拉亨伯格（Marc Trachtenberg）举出大量战后时期的例子，来表明什么时候主张预防性战争，什么时候形成政策，以及什么时候采取行动。事实上，预防性战争的前身就是美国通过的《国家安全委员会第68号文件》（*NSC-68*）中国家安全理论的核心内容。[2]历史上几

Dame L.R. 1365, 1395 & n.102 (2004)。Bradford 提出，此方案的部分拥护者曾将必要性标准描述成"防卫是针对犯法行为"。该方案对他们坚持的主张有益——对预期性自卫的一般禁令可以撤销，但前提是处于真正危机的情况下，如恐怖分子获得大规模杀伤性武器。也可参见 John-Alex Romano, *Combating Terrorism and Weapons of Mass Destruction: Reviving the Doctrine of a State of Necessity*, 87 Geo. L.J. 1023,1025–1026 (1999)（一个基于必要性而建立的标准可以排除预期性自卫的不法性）。

[1] 原注：美国刑法规定，如果行为人意欲避免对自己或他人造成同等程度或更大程度的伤害而采取非法行为，该非法行为可视作正当的。参见 Model Penal Code 3.02 cmt. 1 (1985)。

[2] 原注：National Security Council, *NSC-68: United States Objectives and Programs for National Security* (Washington, DC, 1950), http://www.mtholyoke.edu/acad/intrel/nsc-68/nsc68-1.htm.

位杰出的政治家在不同的时期都对此做出过规定。温斯顿·丘吉尔、戴高乐、保罗·尼采（Paul Nitze，起草《国家安全委员会第68号文件》的战略家）和杜鲁门总统，都谨慎地考虑过使用预防性武力；艾森豪威尔总统甚至这样问道："鉴于对未来几代人的责任，是否真的不需要我们精心设计在最为有利的时机发动战争？"[1]幸好艾森豪威尔做出了不同的选择——即便曾经有过一次苏联的攻击，我们现在的想法可能也会截然不同！

预防性战争的观点遭到滥用，即便称不上泛滥，也是屡次遭到利用：被希特勒用于入侵波兰；被东条英机用于在珍珠港对美国发动偷袭；冷战时期被美苏两国用于多项隐蔽行动中，例如在危地马拉、猪湾（古巴西南海岸的湾）、匈牙利、前捷克斯洛伐克等地发生的事件。应该注意，为避免将其看作冷战的专属特性，在殖民国家与亚非国家发生接触的不对称战争中，采取预防性战争是通行标准而非特例。这些预防性战争频频爆发，集合起来能汇成一本特别文献《动荡的边界》（*Turbulent Frontier*）。[2]约翰·加迪斯（John Gaddis）叙述了关于19

[1] 原注：参见马克·特拉亨伯格所著引人关注的文章"Preventive War and U.S. Foreign Policy"（作者未出版手稿，2005年12月28日）7，引自"Memorandum by the President to the Secretary of State" (Washington, DC, September 8, 1953), as reprinted in U.S. Department of State, *Foreign Relations of the United States 1952–1954*, vol. 2, pt. 1 (Washington, DC: GPO, 1954), 461（手稿重点）。特拉亨伯格的文章，加之此处由其他来源引述克劳福德（Crawford）和鲁邦所写的论文，和未来得及收录至本书的其他探讨论文，都收录在 Henry Shue and David Rodin, eds., *Preemption: Military Action and Moral Justification* (Oxford University Press, 2007) 中。

[2] 原注：本人针对此问题发表的见解，详见 Michael W. Doyle, *Empires* (Ithaca, NY: Cornell University Press, 1986), 34–48。也可参见 John S. Galbraith, "The 'Turbulent Frontier's a Factor in British Expansion," *Comparative Studies in Society and History* 2, no. 2 (1960): 150–168；对法属西非问题的看法，参见 Christopher M. Andrew and A. S. Kanya-Forstner, *The Climax of French Imperial Expansion, 1914–1924* (Stanford, CA: Stanford

世纪美国安全政策预防特点的长期记录，认为后冷战世界的战略环境具有类似的特点，从而提出了一种有利于预防的新逻辑。[1]

综上所述，我们有充分的理由相信法律应尽量简单、保持清晰的界限，如此才能防止被自私地解读。[2]汤姆·弗兰克（Tom Franck）和其他学者认为，针对单边先制的卡罗琳原则和针对多边预防的安理会授权都站得住脚。但同时，与寻找借口相比，我们需要的是指导方针——预防的标准，这将会在安理会的争论中起到提供信息的作用，还能在官员们面对看起来是例外的不寻常环境时给予指导。根据这些标准，只要官员们证明事实合理，他们必将从中获益，被豁免及减轻惩罚。而且，这些标准应该限制可能的异常范围，并发起国内和国际对话（下文详述），以便在极端情况出现时分配官员和公众间的责任与义务。必须承认，这些预防标准确有其成功之处，不仅赢得了国内国际公众的支持，而且正确引导了他国在重大问题上的选择——将开始形成国际惯例法的内容，正如卡罗琳主义在适当的时期确实起了作用。

总结

总体来说，支持预防新标准的理由归结起来就是：《联合国宪章》授权安理会进行预防，但我们不应只是给安理会开一张空头支票。它需要的是预防的法律体系。此外，安理会负责的行为有时会失败。接下来，我们要决定，在获得现行国际法准许之前，什么时候一个国家可以

University Press, 1981)。

[1] 原注：参见 John Lewis Gaddis, *Surprise, Security, and the American Experience* (Cambridge, MA: Harvard University Press, 2004)。

[2] 原注：2006 年 11 月 8 日至 9 日期间，高洪柱演讲中的精彩评论给了我很大启发。

正当地进行单边预防性自卫；换句话说，就是指在袭击意图明显，加之威胁迫在眉睫，实力相差悬殊且根本无时间从长计议的情况下，（受威胁国家）何时发动单边预防性自卫才是正当的。

如果是这样，那么我们需要新的标准来决定如何采取行动。从医学角度来说，这种风险在于有太多可能的假阳性和假阴性。[1]在学术界，我们习惯倾向于假阳性风险，我们想制定出一个能长期适用的高标准。但在医学中，风险是对称的：

假阳性是病人被确诊为肺癌并接受化疗，但他实际上只是得了支气管炎。

假阴性是病人被确诊为支气管炎并开了止咳药，但他实际上患有肺癌。

如今，像刚刚提到的医学一样，即便不太可能有攻击性袭击的威胁，即便袭击可被阻止和遏制，有些效仿布什主义的国家仍会预防性入侵他国。或者，一些国家和武装部队本应遭到逮捕、制服和强制制裁，却在安理会陷入多边僵局时得到容忍和保护，使“9·11”事件和类似于二战规模的世界性战争中的无辜受害者免受伤害。接下来将讨论我认为更好的预防标准。

[1] 原注：参见 Alan M. Dershowitz, *Preemption: A Knife That Cuts Both Ways* (New York: W. W. Norton, 2006), 17。

二、针对战争的预防标准

在第一篇文章中，我提出传统先制过于严格，布什政府的扩张性预防却过于宽松。接下来，我将针对预期性自卫提出四项标准，来解决前文提出的包容性不足和包容性过度等问题。

限制合法预防行为在程序上须经安理会授权，限制合法先制行为实质上与卡罗琳主义相符，是有意义的。但这两项都需进一步延展。我们需要实质性的预防标准，以便在安理会的争论中提供信息。我们同样需要实质性和程序性的标准，如此可在需要授权单边预防行动的特殊情况下做出决定。

要实现这些目标，仅靠预防性战争的防御还不够，我们需将其当成通用的哲学原则来填补。我将提出以下四项标准，并阐述其在争议案件中如何操作。这些标准要求更进一步的细节阐释，可能超出文章中涵盖的内容，但我认为它们将我们带入了正确的轨道。最终，我希望构建出一套源于案例的法律体系，这样依照《联合国宪章》第39条规定，安理会在审议何时授权预防性措施时，能有法律支持。在安理会未授权国家使用武力的特殊情况下，这套法律体系也适用于决定国家何时可以推行强制性预防措施。

通用原则

与法律界和许多政治学家所持的严重分歧的观点相比，众多德高望重的道德哲学家认为，预防性战争的理论相对来说是没有问题的。哲学家们谴责所谓的预防性战争——其中包括伊拉克战争——这种理论给他们造成的困扰，比法律对律师或者战略对多数政治学家所造成的困扰要少。

1914年第一次世界大战前夕，美国国务卿伊莱休·鲁特（Elihu Root）在其发表的著名演说中抓住了基本要义，他说自卫权就是允许一国“保护自己以防陷入为时过晚的境地”。[1]他的答案如此显而易见，以至于包括惠特利·考夫曼（Whitley Kaufman）在内的许多哲学家都反问道：“如果敌人计划对你的公民发动非正义的攻击，而你有能力阻止它，你为何‘不’采取预防性行动？”[2]

道德哲学家们的见解反映在法官勒恩德·汉德（Learned Hand）对**“明确而现实的危险”原则**的著名解释中，他提出了一个概率标准，以证明对言论自由的一些限制是正当的。[3]艾伦·德肖维茨

---

[1] 原注：Elihu Root, The *Real Monroe Doctrine*, 8 Am. J. Int'l L. 427, 432 (1914), cited in Ruth Wedgwood, *The Fall of Saddam Hussein: Security Council Mandates and Preemptive Self-Defense*, 97Am.J. Int'l L. 576 (2003).

[2] 原注：参见 Whitley Kaufman, "What's Wrong with Preventive War? The Moral and Legal Basis for the Preventive Use of Force," *Ethics and International Affairs* 19, no. 3 (2005): 29（原稿重点）。也可参见 Luban, "Preventive War"; Jeff McMahan, "Just Cause for War," *Ethics and International Affairs* 19, no. 3 (2005): 14–15。因此，后文探讨的关键问题是，谁有权批准预防性行动。

[3] 原注 : United States v. Dennis, 183 F.2d 201, 211 (1950), *aff'd*, 341U.S. 494 (1951).

（Alan Dershowitz）将汉德的原则总结为针对预防性战争的公式。德肖维茨问："预期损害的严重性减去在未能先制（即真正预防）情况下发生的不可能性，与成功先制（预防）所造成危害的可能性减去失败（或成功）先制（预防）的可能性（或代价）相比较，哪个结果更佳？"[1]

然而，不幸的是，这条规则除了冗长之外，几乎没有提供任何指导。规则本身没有详尽地指导我们如何辨别预防的严重性、可能性以及道德代价，也并未对成功的预期做出定义。参考"正义战"理论和其他资料，我现在来探讨这些问题。

四项标准

探讨预防的标准，应超越紧迫事件,积极考虑"致命性"（lethality）、"可能性"（likelihood）、"正当性"（legitimacy）、"合法性"（legality）四个更广泛的方面，来评估非迫在眉睫威胁的严重性以及合理的应对措施。[2]

1. 致命性，是指若威胁没被排除，可能造成的伤亡。

[1] 原注：Dershowitz, *Preemption*, 13；也可参见 John Yoo, *Using Force*, 71 U. Chi. L. Rev. 729 (2004)。

[2] 原注：程序性解决方案是针对预防性自卫各个层面，以及深度不确定性的所有实质性标准的必要辅助措施。但程序性标准已涵盖在既存法律的适用范围内，且在目前的学术研究中令人信服，因此本人会着重关注实质性的标准。例如参见 Tom Farer, "A Paradigm of Legitimate Intervention," in *Enforcing Restraint*, 316–347; Buchanan and Keohane, "The Preventive Use of Force"; Bjola, "Legitimating the Use of Force in International Politics"。

2. 可能性，是指评估威胁发生的概率。

3. 正当性，包含传统正义战的相称性、必要性和审慎思考提出应对措施。

4. 合法性，探讨威胁情况本身是否由合法或非法行为造成，以及拟议的补救措施是否更合法或更不合法。

根据“正义战”理论，本人认为这四个标准均为正当预防的必要条件。缺乏与每个标准相关的充分理由，预防性行动即为不正当。前两项致命性和可能性，遵循着布什主义中隐含的威胁评估的现有标准。[1]第三项正当性，即使在威胁很严重时，它也是对行动进行辩护的关键障碍。第四项合法性，本人认为如果以该标准指导预防性执法，其方式会有所差异。[2]因为该标准无论对威胁评估、所允许的范围还是相称性的回应都会造成一定影响。

致命性

第一项标准致命性，在概念上已经解释得十分清晰明确。测算方法是，用预期损失的大小减去这些破坏被复原的可能性；预期损失具体包

[1] 原注：参见 Yoo, *Using Force*, and Dershowitz, *Preemption*, and sources cited therein。

[2] 原注：以色列最高法院院长巴拉克（A. Barak）在判决“定点清除案”（Targeted Killings Case）时为避免一刀切原则，借鉴人权准则，制定出一套相似的判例法标准，包括相称性——正当性，精确性（accuracy）——可能性，事后独立调查（expost independent investigation）——合法性，以决定在一次正进行的战争中何时实行定点清除是正当的（http://elyon1.court.gov.il/Files_ENG/02/690/007/a34/02007690.a311/26/2007）。亚伯拉罕·索法尔（Abraham Sofaer）阐释了相关概念并论证了《联合国宪章》原则的重要性。本人将从目标国与声称是自卫行为者双方出发，更广泛地考虑其合法性。参见 Abraham Sofaer, *On the Necessity of Preemption*, 14 Eur. J. Int’l L. 209 (2003)。

括生命，或领土完整或政治独立等有价值的事物所遭受的破坏。当然，人死后无法复生；财产损失即便可以得到复原，但并非所有财产损失都能恢复原状。例如，耶路撒冷、麦加、吴哥窟、京都、威斯敏斯特、梵蒂冈或美国国会大厦遭到摧毁，与其他不具文化内涵的房地产遭到摧毁相比，前者的意义更加重要。[1]此外，造成广泛损害的能力已大大提高。核武器、生物武器和化学武器创造了新的破坏维度。

可能性

第二项标准可能性，更加复杂。在国际关系理论中存在**“现实主义”**（realism）和**“自由主义”**（liberalism）两大思想流派，两者都力图预测在国际体系中积极使用武力的可能性。[2]

托马斯·霍布斯，这个17世纪伟大的现实主义政治哲学家，对不安全感和预期的结合做出了解释：“人与人之间逐渐失去相互信任之后，某个人就会自然而然地假定任何人都无法保证自身安全，然后他会用尽一切武力和诡计来掌控其他所有人，直至他认为再没有其他能危害自身的强大势力为止：这一切都是出于这个人自我保护的需求，通常可被接受。”[3]现实主义认为，**相对能力**是衡量威胁的最佳指

---

[1] 原注：亨利·史汀生（Henry Stimson）部长从原子弹目标清单中删去京都就体现了该思考，尽管日后摧毁了广岛和长崎。参见 Henry Stimson and McGeorge Bundy, *On Active Service in Peace and War* (NewYork: Harper &Bros., 1947), 612–633。

[2] 原注：在本人于 1997 年所著的 *Ways of War and Peace* (New York: Norton, 1997) 一书中，我研究并评估过包括修昔底德、霍布斯与康德在内的现实主义、自由主义和社会主义理论。关于霍布斯和康德，详见 Richard Tuck, *The Rights of War and Peace: Political Thoughtand the International Order from Grotius to Kant* (Oxford: Oxford University Press, 1999), 126–139, 207–225。

[3] 原注：Thomas Hobbes, *Leviathan*, bk. 13,ed. Richard Tuck (Cambridge: Cambridge University Press, 1996), 99.

标，此观点在众多哲学家的著作中都可以得到验证，从公元前5世纪的雅典将军修昔底德（Thucydides）到当代保守派思想家亨利·基辛格，至少还应包括成为布什总统国家安全顾问之前的康多莉扎·赖斯（Condoleezza Rice）。

现实主义者认为，国家基本是相似的，都是自利的行为者。他们行为的动力来自对物质资源的竞争、国家威望的较量和对被征服的恐惧。当一个国家认为自身强盛到掠夺他国不会遭遇强烈抵抗时，争夺资源就会成为发动战争的动力；当各国实力不相上下且不可能相互屈服，或者想要知道本国国力是否足以抵制他国袭击时，就要依靠国家威望和恐惧这两大动力了。考虑到他国动机可能存在不确定性，保持理性的国家很少能安心享受安全。即使双方都认为自己在寻求安全，也可能发生冲突，但是缺少一个**"全球利维坦"**（Global Leviathan）[1]，我们便无法确切地得知其他国家寻求的安全，是否与自身所寻求的安全兼容。因此，在国际体系中，战争发生的可能性永远存在。

当权力关系发生变化，当过去较弱的国家正在迎头追赶过去较强的国家，而后者试图通过预防性战争来阻止这种均衡时，战争发生的可能性尤其大。如《伯罗奔尼撒战争》中修昔底德所说："使战争不可避免的是雅典力量的增长和由此在斯巴达引起的恐惧。"[2]

另一方面，自由主义侧重于**"制度化的意图"**（institutionalized intentions）。18世纪的德国哲学家伊曼努尔·康德认为，自由主义共

[1] 编注："利维坦"指一种威力无比的海兽，霍布斯以此比喻君主专制政体的国家。

[2] 原注：Thucydides, *The Peloponnesian War*, bk. 1, ch. 1, trans. David Grene (Chicago: University of Chicago Press, 1989).

和政体可建立一种**"自主维持的和平"**，[1]这被当代理论家称作**"民主和平"**。[2]纵观历史，尽管国家之间为谋取国家或政府的利益而卷入战争，但总的来说，自由民主的人民会尊重彼此的主权和安全。自由民主共和政体不会相互发动战争，尽管他们反对非民主国家。"民主和平"背后的理论是，自由主义共和政体要对大多数选举人负责，这些选举人与君主和独裁者不同，他们无法将战争导致的代价转嫁给他人。此外，如果这些选举人接受自由主义原则，他们将会尊重人们自由表达权益的权利，通过谈判而非战斗来解决利益上的争端。对财产权和商业往来利益的尊重，强化了彼此间的道德承诺。因此，自由主义者认为自由主义共和政体间不会构成威胁；而与此同时，共和政体将受到独裁政权的威胁，而且也会对独裁政权产生威胁，原因是独裁政体不受代议制度约束，对人权缺乏原则性的尊重，以及从未在自由通商贸易中受惠等。

当代自由主义学者李·范士丹（Lee Feinstein）和安妮–玛丽·斯劳特（Anne-Marie Slaughter），对布什总统所阐述危险的预防性论据做了现代化阐释。[3]两人皆认为，应将装备有大规模杀伤性武器的独裁政权视为足够危险——同时考虑到相称性，并优先考虑多边解决方案——对他们进行预防性攻击就是正当的。独裁国家缺乏宪法保障，加上大规

[1] 原注：参见 Immanuel Kant, "Eternal Peace," in *The Philosophy of Kant: Immanuel Kant's Moral and Political Writings*, ed.Carl J. Friedrich (New York: Modern Library, 1949), 430。

[2] 原注：例如参见 *Debating the Democratic Peace*, ed. Michael E. Brown, Sean M. Lynn-Jones, and Steven E. Miller (Cambridge, MA: MIT Press, 1996)。

[3] 原注：Lee Feinstein and Anne-Marie Slaughter, "A Duty to Prevent," *Foreign Affairs* 83, no. 1(2004): 136–150。解释"9·11"事件前，如何利用技术手段来支持范士丹和斯劳特理论的传统标准，参见 Michael N.Schmitt, *Bellum Americanum: The U.S. View of Twenty-First Century War and Its Possible Implications for the Law of Armed Conflict*, 19 Mich. J. Int'l L. 1051 (1998)。

模杀伤性武器的极度危险，成为范士丹和斯劳特的论点具有说服力的核心。

现实主义和自由主义理论在丰富和完善**可能性**这一标准方面，各有所长。尽管两者经常被用于有关预防性自卫的论据中，但它们都不是指导预防性行动的十分可靠的实质性标准。[1]例如，现实主义者预测，在20世纪初期，当美国国力有可能超越英国时，两国将爆发冲突。[2]然而这两个自由主义强国始终维持着和平。对自由主义者而言，他们没有考虑到，虽然独裁政权可能不是自由和平的拥护者，但战争是很少发生的事件，典型的独裁政权很少挑起战争。[3]

当然，独裁政权有时会发动侵略战争——当它害怕日益衰落（例如，日本在1941年12月对付美国），或是在遭受削弱之前设法利用自身力量（例如，德国在1939年至1941年间）的时候。然而，自由主义国家

---

[1] 原注：对实证性记录的一个不错的调查，参见 Jack S. Levy, "Declining Power and the Preventive Motivation for War," *World Politics* 40, no. 1 (1987): 82–107。

[2] 原注：早在 19 世纪 30 年代，亚力西斯·德·托克维尔（Alexis de Tocqueville）就在《论美国的民主》（*Democracy in America*）一书中预测，20 世纪的超级大国将会是美国和苏联。参见 Alexis de Tocqueville, *Democracy in America*, trans. Henry Reeve (New York: Adlard and Saunders, 1838; reprint, Clark, NJ: Lawbook Exchange, 2003), 414。单纯从潜在力量角度解释为何大英帝国会与美国并肩对抗德国，而非与德国共同抗击美国，因此成为一个难题。参见 Niall Ferguson, "The Kaiser's European Union," in *Virtual History: Alternatives and Counterfactuals*, ed. Niall Ferguson(London: Papermac, 1998), 228, 239: "如此看来，在国际舞台上并没有明显的原因，证明一个'过分伸展'的强权（英国认为自己如此）无法与一个'欠缺伸展'的强权（德国认为自己如此）轻易合作"。参见 Niall Ferguson, *The Pity of War* (London: Penguin Press, 1998), 45–55, 68–76。

[3] 原注：此类作品中的经典之作，是斯坦尼斯拉夫斯基（Stanislav Andreski）的"On the Peaceful Disposition of Military Dictatorships," *Journal of Strategic Studies* 3, no. 1 (1980): 3–10。

也可能发动侵略战争，有时为了救助弱势群体，有时为了保护本国的公民或财产，而有时只是因为他们对安全威胁的评估有误。因此，全盘接受现实主义或自由主义的可能性理论，很可能导致太多的“假阳性”和“假阴性”后果；前者导致以预防性战争来应对并未实际存在的威胁，后者则导致未察觉到危险而惨遭突然袭击。

因此，对可能性的实际评估，必须反映一个更复杂的算法，包括已显示出来的威胁、过去的侵略行为，以及国力、意识形态及政权特点等。如本人在上文所说，沃尔泽曾以1967年以色列和埃及之间的“六日战争”为例，为不符合迫在眉睫标准的先制行动争辩。沃尔泽强调了几点：**明显的伤害意图**，如埃及不承认以色列，并关闭了通往以色列的蒂朗海峡；**积极备战**，如埃及在以色列边境动员军队；**日益增加的危险**，如以色列持续动员后备部队所耗费的巨大成本。最后一项是决定性因素。有证据表明，尽管以色列似乎已经意识到纳赛尔很可能是在虚张声势，但其虚张声势给以色列的安全带来了无法承受的负担。因此，在不能确保自身安全前，以色列绝不能解除戒备。由此得出，国家决策受致命性、威胁模式和必要性主导。[1]

18世纪伟大的法学家瓦特尔（Emmerich de Vattel）认为，采取预防措施并非是威胁迫在眉睫。1758年，他在《万国公法》（*Law of Nations*）中声明，当敌手显示出明显的“掠夺”意图，获得强大的权力，而其无法做出和平的保证来排除嫌疑，发动预防性战争就是正当的。[2]正如沃尔泽从“六日战争”的经验中得出他的原则一样，瓦特尔的理论可从西班牙王位继承战争（1701—1714年）的起源上反映出来，

[1] 原注：Walzer, *Just and Unjust Wars*, 82–85.

[2] 原注：Vattel, *The Law of Nations*, bk. 3, 44, 308.

当时欧洲列强联合起来阻止路易十四的孙子夺取西班牙，而他本来可以同时继承两个王位。[1]

即便是已显示出来的威胁和明显的意图，也不能作为可靠的信号。一些公开威胁是虚张声势或模棱两可的，如冷战时期赫鲁晓夫说“我们将埋葬你”——他在事后说道，他本来只是想宣称苏联会在工业生产方面超过美国。有些威胁会被刻意隐藏，以便发起突袭，例如珍珠港事件。

因此，评估可能性时，我将引用各学派思想。从自由主义的角度来看，我将弱化自由主义政权（对其他自由主义国家）的潜在威胁；从现实主义的角度来看，我将着重关注威胁的总体能力和技术可行性何时会增长，如核扩散。此外，利用明显的行为模式，我将侧重于明确的威胁、侵略行为模式和未能提供可信的保证等。评估威胁的可能性，应反映以上三个方面。

可能性是判断先制和预防之间差别的关键。若预测到战争的发生迫在眉睫，则有采取先制的动机；若是必须发动战争才能实现预防，则现在发动比后来发动更好一些；连接这两者的是确定性和不确定性。传统的“迫在眉睫”标准能为先制正名的原因就在于，当其他情况都相同时，迫在眉睫的威胁相较而言更紧迫，发生的可能性也更大。尽管这种相对非急迫的威胁最终仍可能发生，但却无迹象可循，且时间可以解决相关问题，如侵略性领导者死亡。

面临“非迫在眉睫”的威胁时，采取预防性行动是否正当可能需考虑以下因素：军事能力变动，成为显著上升的威胁力量；政权变动使预期意图发生重大转变；行动者行为发生改变。如果威胁足够确定而且足

[1] 原注：Vattel, *The Law of Nations*, bk. 3, 44, 308.

够大，上述每个因素都能触发一场正当的预防性战争。[1]

这个逻辑明显适用于国家。但面对来自非国家行为体即恐怖分子的所谓不对称威胁的可能性时，就需要考虑更多令人烦恼和困扰的问题。在之前的人类历史上，我们哪里见过有人能用这么简单的武器（美工刀），如“9・11”事件那样，迅速杀死这么多人？由于上述原因，选择恐怖主义战术的私人团体变得更加危险，而且人们不认为他们会永远保持“和平”。他们与恐怖活动的联系本身就像是在宣战；如同他们的先辈——海盗一样，这种团体是在“与人类交战”，他们是“人类的敌人”。[2]因此，当某个人加入这样一个有明确恐怖袭击记录的组织时，他或她将被视作天然的危险，并受到监控；在必要的情况下，可以根据《日内瓦公约》和国内相关宪法，实施拘留、起诉和防御性使用预防性武力等。[3]

---

[1] 原注：有关预防的观点，本人倾向于 Gaddis, *Surprise, Security, and the American Experience* 和 Trachtenberg, “Preventive War and U.S. Foreign Policy” 的分析；却与 Jack S. Levy 在其主要论文中阐述的改变军事能力的观点不同，详见 Jack S. Levy, “Preventive War and the Bush Doctrine: Theoretical Logic and Historical Roots,” in *Understanding the Bush Doctrine: Psychology and Strategy in an Age of Terrorism*, ed. Stanley A. Renshon and Peter Suedfeld (New York: Routledge, 2007)。虽然利维（Levy）试图缩小预防概念，以便分析相对能力变化造成的政策影响，但我的目标是考虑预防性行动在道德上正当的全部情况。例如，加拿大不太可能受到军事政变的威胁，即使其军事能力没有明显增加，这对美国构成的威胁仍将增加一级，美国也有理由采取相称性的措施来防止政变。

[2] 原注：相关讨论可参见 U.S. v. Smith, 18 U.S. (5 Wheat.) 153 (1820); and Hugo Grotius, *The Rights of War and Peace*, bk. 3, ch. 3, 1, ed. Richard Tuck (Indianapolis, IN: Liberty Fund, 2005), 1246–1247。

[3] 原注：具体措施详见 Bruce Ackerman, *Before the Next Attack: Preserving Civil Liberties in an Age of Terrorism* (New Haven: Yale University Press, 2006)。本节第 083 页注释 [1] 和 [2] 将有另外的重要考虑。

正当性

第三项标准正当性，本身包含三个要素：（1）权衡威胁造成的损害与应对措施的成本—收益，使其符合相称性；（2）将应对措施限制在有效应对威胁所需的最低限度上；（3）寻求相关审议。

在确定预防性武力的正当性方面，相称性和必要性起着巨大的作用。[1]反制措施若合理，就必须具有战略意义；要想获得军事上的优势，就不能静坐观望，而要先发制人。[2]除此以外，先发制人要遵循道德上的公义。传统应对重大威胁的措施是实行封锁或强制制裁、外科手术式打击[3]和全面军事干预，然而这些都违反了和平时期国际关系的法律规定，因此作为防御措施需要正当的理由。但它们所获得的效果明显是不同的。国际法规定，只要侵犯主权就是违法的。[4]但实事求是地说，封锁或强制性多边制裁相较于定向的、外科手术式的军事打击，可以更好地保证国家的政治独立和领土完整。同理，其侵犯性比入侵和占领要更低。

正义战争理论的一个基本特征是，对战斗人员和非战斗人员进行区别对待。对预防性措施进行区别对待尤其重要，考虑到所涉及的更

---

[1] 原注：参见 UN Secretary General, *Report of the High-level Panel on Threats, Challenges and Change*, 63–67, 此报告成为典型正义战学说和数位政治家权威著作的基础。例如前国家安全顾问布伦特·斯考克罗夫特论证支持相似的正当性标准，我本人则认为，将合法性视为标杆和准则应为关注重心。同时，正当行动也不应受限于安理会批准。

[2] 原注：针对环境问题的深入讨论，参见 Karl P. Mueller et al., *Striking First: Preemptiveand Preventive Attack in U.S. National Security Policy* (Santa Monica, CA: RAND Project Air Force, 2006)，重点是第二章，第 19–42 页。

[3] 编注：Surgical Strike，指精确而迅速的袭击，一般为空袭。

[4] 原注：经典案例可参见 Corfu Channel (Merits)(U. K. v. Alb.), 1949 I. C. J. 4(Apr. 9)，其中认为主权独立是不可分割和不可剥夺的。

大不确定性，应将目标定位于最需要对威胁负责的人。我们必须考虑这种可能性，即便对也许有一天要应对这些威胁的军人来说，它们可能也是隐秘的。[1]

具体的分析估算需要以个案为基础，部分原因在于可能的伤亡是不同的，并非总是对称的、类似的。1991年后，因制裁伊拉克而间接损失的生命，要远多于1981年对奥西拉克发动外科手术式打击的数量。然而，有些威胁只有通过入侵和占领才能解决。例如1945年为防止纳粹德国未来对欧洲造成威胁，在将德国军队赶回其境内后，占领该国是必要的；同样，要想根除阿富汗境内的基地组织，或许只有入侵阿富汗、击败塔利班这一条途径可走。此类分析估算只有在具体案例中才能得到最佳展示，本人将在下文论述。

必要性也意味着是即刻需要而非稍后需要。与“卡罗琳”案中的迫在眉睫不同，但这意味着需要给出原因，若不立即采取行动，威胁将会变成现实，且未来更加难以应对。有些威胁会随时间的流逝而消退，就像斯大林死后，冷战威胁就日趋弱化。

第三个要素“审议”很重要，有两个原因。其一，采用预防性武力涉及对未来的固有不确定性预测。在决策时广纳箴言会减少“群体思维”、过早得出结论和政治利用（如谋求政治利益的好战分子）的影响。其二，多边审议和授权使决策更加符合现行法律构架，本人即将详细论述。

合法性

第四项标准合法性，更确切来说，就是遵守国际法。相对于现行预

[1] 原注：该保密观点应归功于杰夫·麦克马汉所做的评论。

防标准，这一标准的要求更为严格。它关注目标政权在其国内行动（例如严重侵犯人权）或其国际行为方面是否违反了国际法，也就是说，是否通过一种侵略的模式或其获得威胁的能力，如违反《防止核扩散条约》（Non-Proliferation Treaty）或国际原子能机构的标准获取核武器。而当违反国际法的行为极其恶劣时，其他国家必须暂置禁令，使用武力。国际性侵略或威胁显然需要安理会采取行动，但像种族屠杀这样的“国内”侵略事件，安理会也会采取行动。[1]

假定关键决定因素既不是政权的本质（民主或独裁），也不是国力，而任何一个国家的过往行为越不合法，其显露敌对意图的预兆就越为可信。法律不像总统的感知那样主观，它是依据多边协定和长久以来的习惯制定而成。

此项标准除了用来评估目标政权的合法性外，还关注预防性应对措施的合法性。一些主权侵犯行为，如对政治独立和领土完整的侵犯，比其他的最恶劣。相称性原则在回应实质性武装进攻时不是必需的，而可能由针对领土完整和政治独立的总体威胁的处理来衡量（**“交战正义”**这条标准仍然适用）。反之，在预防性行动中应用相称性原则应更为严谨。[2]不确定性越高，等同于迫在眉睫程度越低，证明保卫措施越合理。应对措施越合法，获得多边授权的可能性越大，并在更大的责任分担和更广泛的正当性上获得附带利益。如前文所述，更重要的是，多边

[1] 原注：《防止及惩治危害种族罪公约》要求所有国家“预防并严惩”灭绝种族罪行。参见“Convention on the Prevention and Punishment of the Crime of Genocide,” December 9, 1948, *United States Statutes at Large*102:3045, art.2（1951 年 1 月 12 日生效）。

[2] 原注：这能够有效地区分“卡罗琳”案中美国并不是一个拥有主动侵略意图的侵略者，但美国确实没有管控好边界。蒂莫西·卡利（Timothy Kearley）认为，当具有威胁性的国家本身打算伤害他国时，真正的先制预防就不应该严格地遵循反击的相称性原则，参见 Kearley, *Raising the Caroline*。

授权是降低利己主义解读风险的唯一最好方式，避免国家为追求国际或国内利益，而任意编造或夸大威胁。

1. 预防性自卫的实施，首先应通过安理会获得多边授权。除非这种解决方案的方法已经用尽，否则任何国家都不应采用区域授权或单边行动。

2. 安理会各成员国应在安理会做出公开声明，详述同意或反对预防性行动授权提案的原因。如果认为本人在此提出的观点具有说服力，这些原因应该成为阐明这四项标准的答案。事实上，确定标准的关键原因之一，就是为了提高做出艰难决定时的审议质量。这些决定无论是在官方的安理会还是非官方的全球媒体上，应使提出预防议案国家的公民和国际社会更广泛地参与。

考虑到超级大国握有的一票否决权，考虑到包括安理会投票在内的远非绝对可靠的程序性标准，联合国不能作为预防性自卫的唯一依靠；部分单边行动还应该是允许的。事实是只有安理会承担起主导责任时，单边行动才可能被认为是合法的。安理会现在已经认识到，它所做出的行动将受到“市场”其他判断的影响，而非享有垄断。当单边预防措施真要运行时，应加上两项问责机制，目的是评估国内和国际的合法性。

3. 需要一个国家委员会来审查事实真相并做公开报告。[1]

4. 最后，在该报告上交安理会后，由安理会针对行动的正当性进行国际调查并形成一份报告；在这一过程中，应采取少数服从多数的办法

---

[1] 原注：关于国家委员会的建议，本人认为应归功于鲍勃·基欧汉（Bob Keohane）。他与艾伦·布坎南提议成立一个公正的国际委员会，来评估以往国家错误地主张预防或错误地投票反对使用预防性武力的合理主张，对国家造成的损害。详见“The Preventive Use of Force”。

而非实行否决制。[1]

本人提出的一整套标准是系统性的，每一项都是必要且相互联系的。我们可以认为它们是相乘的而不是相加的：

合理预防=致命性×可能性×正当性×合法性

从另一角度来看，只要四项标准中的任意一项为零，那么该预防性行动就失去了合理性。综合以上标准，能为何时采取预防行动算是合理的提供指导方针。第一，如果威胁并非迫在眉睫因而导致不确定，但在考虑致命性时，它仍然有足够的可能性，即它与正当的先制威胁一样危险。相对地，合理的预防通常比合理的先制具有更大的致命性和更低的应对成本；合理的预防通常采用制裁而不是入侵。第二，法治国家不论意识形态如何，其所获得的破坏性能力都不应被认为是证明预防性措施正当的充分证据。第三，一个具有威胁性的政权发动攻击的致命性和可能性越大，为证明预防合理而违背国际法的行为越显得没有那么异常。由此来推论，安理会或受害国的应对措施可能会更少关注合法性。第四，再次考虑第二条内容，威胁性袭击的致命性和可能性越小，就越应该重视具有威胁性的政权行为的合法性以及任何潜在的国际反应。

接下来，本人将引用几例因使用预防性武力而引起争议的案例，来

[1] 原注：这与巴拉克在“定点清除案”中的建议有异曲同工之处，请参阅本节第 048 页注释 [2]。在极端情况下，联合国安理会的报告有可能成为国际刑事法庭决定起诉的初步证据基础，原因在于考虑到战争罪行已经犯下，或侵略性战争已经发生；公诉人及其专案小组在对证据斟酌后将做出裁决。参见 Rome Statule of the International Criminal Court，A/CONF.183/9*，2002 年 7 月 1 日生效。

阐释这些指导原则如何在实践中运作。[1]

疑难案例

第一组案例阐述了适度调整的重要性。在这里，我计划讨论三个重要但不好处理的案例：一是安理会为回应南非的种族隔离制度，而对其实行完全合法的强制性制裁所采用的标准；二是1962年的古巴导弹危机，及随后美国对其实施的强硬**“隔离”**（quarantine）；三是1981年以色列袭击伊拉克奥西拉克核反应堆。

最后，本人将就反恐行为、2003年3月美国入侵伊拉克，以及伊朗核计划（民用或军事？）等做简短评论。

多边案例：1977年南非种族隔离

安理会授权预防的特点是合法性和程序正当性。当前国际法规定，只要符合《联合国宪章》第七章的要求，安理会做决策时拥有极其宽泛的自由裁量权。而且，安理会在国际社会中具有广泛的代表性，并在维护国际和平与安全方面扮演指定代理人的角色。[2]正如我

---

[1] 原注：通过此案件来探讨并检验使用武力的标准，本人参考理查德·法克（Richard Falk）采用的相关方法来阐释报复行动。参见：Richard Falk，*The Beirut Raid and the International Law of Retaliation*, 63 Am. J. Int’l L. 415–443 (1969)；Derek Bowett，*Reprisals Involving Recourse to Armed Force*, 66 Am.J. Int’l L. 1–36 (1972)。

[2] 原注：有关安理会对利比亚进行制裁的合法性及程序正当性的深入探讨，参见 Ian Hurd, *After Anarchy: Legitimacy and Power in the United Nations Security Council* (Princeton:Princeton University Press, 2007), and Erik Voeten, “The Political Origins of the Security Council’s Ability to Legitimize the Use of Force,” *International Organization* 59, no. 3 (2005): 527–558。

在第一篇文章中所说，联合国所有成员方，无论大小，在谈判、签署或赞同《联合国宪章》时，都赋予安理会这一角色。虽非法庭和立法机构，但安理会的决定具有约束力。他们将对国家利益的考虑包括在内（以及五大常任理事国的潜在否决权），彰显了其对国际法的尊重，这成为国际惯例法演变中特别重要的一个来源。因此，《联合国宪章》在其预防“法律体系”（jurisprudence）中明确或含蓄采用的标准，值得我们注意。

这种预防性法律体系的另一个显著特点是，尽管宪法规定安理会有权管辖“国际性”的和平与安全问题，但安理会却极不情愿在国内和国际威胁间迅速而果断地划清界限。当面对国内、国际威胁之间的实际联系时，安理会通常只是稍加辨认，给出隐含关联。安理会谴责巴勒斯坦违反停火协议，批判朝鲜袭击韩国（尽管这扩大了“国际”范围，包括一些所谓的内战），显然符合国际威胁的定义。然而，仅在国内侵犯人权的行为并不足以构成国际威胁。例如，1946年，安理会拒绝了波兰对法西斯主义的西班牙实施制裁的呼吁，因为它发现其国内的暴行并未对邻国构成威胁。[1]

然而，在罗得西亚（Rhodesian，津巴布韦旧称）和南非的案例中，安理会显然把国内和国际威胁联系起来了。1966年，根据第232号决议，当罗得西亚伊恩·史密斯（Ian Smith）的少数民族政权单方面脱离英国时，安理会对它实行了《联合国宪章》第七章的贸易制裁。不过，南非案例最清楚地阐述了预防的新法律体系。1977年的第418号决议谴责南非政府的理由如下：（1）对非洲人民，包括学龄儿童和其他

[1] 原注：这个问题是在联合国安理会小组委员会得出结论后提出的，参见 David Lowther Johnson, *Sanctions and South Africa*, 19 Harv. Int'l L.J. 887, 892 (1978)。

反对种族歧视者的大规模暴力行为和杀害；（2）**“种族隔离”**和**“种族歧视”**（应该被废除）；（3）“军事集结”和“持续侵略周边国家”；（4）政府“站到制造核武器的门槛边缘”。安理会特别援引第七章内容，然后做出决定，购置武器和有关物资“对维护国际和平与安全构成了威胁”，并实行相当于封锁的强制性禁运。

在评估**致命性威胁**和**可能性**时，安理会本应只集中注意南非持续违反（安理会）关于罗得西亚和纳米比亚的决议，或南非对其邻国的一再越界袭击。[1]然而，安理会将南非政府的国内压迫与其国际行为联系起来，认为这两种行为都构成对国际和平的致命且可能持续的威胁。毫无疑问，这一选择反映了南非的非洲邻国对种族隔离的普遍愤恨，及对南非因此侵犯人权的大范围谴责。然而，这也可能反映了它们之间的内在联系。捍卫并扩展种族隔离的行为，使得南非与其邻国互为威胁。严重的国内压迫必然引发邻国的威胁反应，它们拒绝容忍对人类同胞的虐待，并被迫接受出于对遭受迫害的合理恐惧而逃离的难民。安理会不会仅仅满足于让南非停止越境袭击，它明确呼吁废除种族隔离。[2]

实施强制性制裁显然是合法的、伤害程度最小的、在应有比例之下的，而且短期内解决这一威胁的手段是不够的。当时处于冷战中期，为更替统治政权而入侵南非的做法明显脱离实际，但考虑南非的自卫水平，此举却也恰到好处。对种族隔离及其继续对南非邻国造成的致命性

---

[1] 原注：完整记录可参见 David Lowther Johnson, *Sanctions and South Africa*, 19 Harv. Int'l L.J.917–920(1978)。

[2] 原注：此前安理会拒绝引用宪章第七章去谴责种族隔离，因为它将种族隔离当成单纯的国内压迫。对第 39 条的探讨，请参见 Leland M. Goodrich, Edvard Hambro, and Anne Patricia Simons, *Charter of the United Nations: Commentary and Documents*, 3rd and rev. ed. (New York: Columbia University Press, 1969), 296–297。

（一种持续和可能进一步的威胁），制裁是最低限度的响应。种族隔离是对人权的严重侵犯，安理会授权的制裁则是完全合法的响应。最终，制裁、单边禁运和安理会后期采取的合法制裁措施，加之社会各界对种族隔离的谴责，似乎振奋了种族隔离的反对者，却使其维护者感到难堪，为德克勒克（De Klerk）总统和曼德拉领导下的和平民主化进程打开了一条通道。

国内和国际威胁与国际和平的这种联系成为安理会法律体系的一个特色。对和平的威胁，包括纯粹的国际威胁，及越来越多地涉及国际层面的国内压迫。安理会法律体系通常需要经过政治检验，15张选票中至少要得到9张选票支持，并且五大常任理事国没有一个投否决票。尽管如此，一种将危险政权、危险局势和人道主义保护，同对国际和平与安全的威胁联系起来的规范性模式已经出现了。这种联系不仅是法律需要（第39条要求必须明确定义“国际威胁”），在决议中也做了实质性的阐述。在20世纪90年代，这一预防性法律体系谴责了种族灭绝、种族清洗和战争罪行（前南斯拉夫共和国、伊拉克、利比里亚）；谴责了干扰人道主义物资供应和内战中违反停火协议的行为（前南斯拉夫共和国、伊拉克、索马里）；谴责了文明秩序的崩塌（利比里亚和索马里）；谴责了对民主统治发动政变（海地）。[1]1999年，这一法律体系谴责了塔利班没有阻止恐怖主义和没有交出本·拉登的做法（第1276号决议），并实施了贸易和金融制裁。

联合国大会在2005年发表了题为《保护的责任》（*The Responsibility to Protect*）的原则性声明，确认当国家不能保护国民免受种族灭绝、战

[1] 原注：洛里·达姆罗施所著 *Enforcing Restraint*, 第 12–13 页“前言”对此有详细说明。

争罪和其他侵害时，保护其国民的责任会被转交给安理会；这项声明反映了对预防性法律体系的广义解释，并且构建了明确的人道主义要素。[1]

此广义的关于威胁的法律体系适合于多边审议和执行。众所周知，在国内对他人的压迫易遭到不公平和利己主义的解读。授权以政权更迭为目的的全面入侵，如在海地总统让–贝特朗·阿里斯蒂德（Jean-Bertrand Aristide）的复位事件中，仍需要寻求多边共识。幸运的是，尽管在卢旺达和索马里发生了惨痛的失败，多边体系在促进和平建设，以减少最恶劣形式的暴政方面仍有着正面的记录。[2]

1962年10月古巴导弹危机

如果国家没有获得多边授权，那它应该何时冒险发动预防性战争？**“十月导弹”**已成为冷战时期危机外交中的一种标志性模型。同时，它也成为预防性自卫的一个极具争议的案例。本人认为，“隔离”实际上就是一种封锁，可以说是一种正当的战争行为。但本人也认为，如果“隔离”失败的话，人们很难得知是什么导致了这场危机或计划中的武装袭击。

最近对这场危机的学术研究恰当地将其描述为“人类历史上最危险的事件”。[3]考虑到美国与苏联的导弹和炸弹力量有能力造成数以百万计的人员伤亡，而且这两个超级大国接近冲突的边缘，这个判断听起来是真实的。

---

[1] 原注：UN General Assembly, “2005 World Summit Outcome,” 138–140.

[2] 原注：例如参见 Michael W. Doyle and Nicholas Sambanis, *Making War and Building Peace: United Nations Peace Operations* (Princeton: Princeton University Press, 2006)。

[3] 原注：Don Munton and David A. Welch, *The Cuban Missile Crisis: A Concise History* (New York: Oxford University Press, 2007), 1.

危机的背景揭示出美苏之间的严重误解及引发的危险行为，包括在美国支持下的古巴猪湾入侵事件，以及赫鲁晓夫在柏林虚张声势并在古巴秘密部署导弹之事。冷战冲突为此次危机提供了条件。冷战中的第一条“战线”集中在美国和苏联之间的对抗，这两个大国为争夺影响力和生存进行了一场战争式的较量，其中一方的所得似乎是另一方的损失。这场竞争因威慑（一种微妙的恐怖平衡）而“冷却”，双方升级为核对抗的能力和意愿，阻止了任何一方的侵略行动。20世纪50年代，苏联在欧洲的传统军事优势被美国的核优势以及空军实力所抵消。但这种平衡并非一成不变。苏联于1957年成功发射人造卫星“伴侣号”（Sputnik），加之导弹的快速生产，在美国引发了**“导弹差距”**（missile gap）的恐慌——结果令人感到讽刺的是——美国通过向包括土耳其在内的欧洲盟国部署中程导弹来抵消这一影响。[1]美国总统候选人约翰·肯尼迪曾利用“导弹差距”一事，质疑共和党政府的信用问题。在肯尼迪当选美国总统并获得更好的情报后，他于1961年10月对外宣称，确实存在导弹差距，但这对美国是十分有利的。

冷战中的第二条“战线”是获得第三世界国家的拥护，他们既不是第一世界（西方、美国）的支持者，也不是第二世界（东方、苏联）支持者。俄共主席赫鲁晓夫认为，这可作为共产主义革命的一个成熟地区，提供了使世界政治格局向有利于苏联方向倾斜的前景。因此，古巴将两个阵线相连。通过部署能够到达纽约和芝加哥的36枚中程弹道导弹，以及能够到达美国整个48州、加拿大和拉丁美洲大部分

---

[1] 原注：《时代》杂志列出的公式与约翰·加迪斯对冷战极有影响力的重新阐释相同：“中程弹道导弹＋北约＝洲际弹道导弹”（IRBM+NATO=ICBM），详见 *We Now Know* (Oxford: Oxford University Press, 1997), 264。

地区的24枚中长程弹道导弹，[1]苏联不但改善了全球核平衡，而且保护了古巴的革命。

肯尼迪总统指派一个执行委员会就如何做出回应向他提出建议，但他们在评估和建议方面存在分歧。国防部长罗伯特·麦克纳马拉（Robert McNamara）怀疑古巴的导弹是否极大地改变了军事平衡，因为苏联已经有能力从潜艇和苏联本土发射核导弹来打击美国。[2]他们对于如何进行最佳回应也持有不同意见，有些人认为应该立即进攻，有些人则建议进行大规模空袭或外科手术式的空袭，还有人仍然坚持采用封锁。针对美国在土耳其和欧洲部署核导弹，苏联选择忍而不发；但换作是苏联部署核导弹，美国却不愿意容忍。肯尼迪政府驻联合国大使阿德莱·史蒂文森（Adlai Stevenson）和麦克纳马拉确实倡导一项用土耳其导弹换取古巴导弹的交易，这一选项是总统的最终选择，并且这件事是保密的。[3]

尽管存在分歧，但总统及其顾问都将这些导弹视为一个不断升级的致命性威胁，因为预警时间在减少并且将有更多（两到三倍）的导弹把美国当作目标。[4]实话说，所有人都已经意识到：当权者必须保证导弹会被撤出古巴，否则共和党的领导人便会控诉肯尼迪政府在古巴事件上的软弱无能。如果将导弹滞留在古巴境内，势必会使肯尼迪政府在即将到来的中期竞选中遭受严重的政治损失。但他们也认为，这一威胁是针对整个国家的，而非仅针对政治方面。

---

[1] 原注：苏联另外部署了兵力（陆地、空中和海上 [海防部队]）来保护导弹连（missile batteries），参见 Munton and Welch, *The Cuban Missile Crisis*, 34–37。

[2] 原注：Munton and Welch, *The Cuban Missile Crisis*, 52.

[3] 原注：Munton and Welch, *The Cuban Missile Crisis*, 52–53.

[4] 原注：Gaddis, *We Now Know*, 268.

导弹的部署从四个方面提高了发生致命冲突的**可能性**。[1]第一，导弹的部署引发了一个问题，即古巴领导人菲德尔·卡斯特罗（Fidel Castro）和赫鲁晓夫，两人谁在危机中掌控全局。10月22日，肯尼迪发表了宣告导弹威胁的演说，明确表示任何从古巴发射的导弹都会被认为是苏联发射的。第二，很多人认为这一危机减少了预警时间，同时增加了苏联“突然”发动快速打击的可能性。第三，一个敢于冒险的领导者会利用此类打击进行强制性谈判，正如美国当年向日本的广岛和长崎投放原子弹一样。这些导弹可以用来换取美国不愿失去的一些资产，例如西柏林。[2]第四，也是最重要的一点，此次秘密部署标志着这是一种危险行为。肯尼迪总统的顾问泰德·索伦森（Sorensen）曾经说过，秘密部署是关键问题，引发了和平与战争的根本问题。[3]

在10月22日进行全国演说之前，肯尼迪总统在给赫鲁晓夫的公报中重申这种威胁就是一种欺骗，他认为，赫鲁晓夫在1961年6月的维也纳

[1] 原注：本人于2006年7月31日采访泰德·索伦森。他关注最后三点，补充说如果苏联公然宣布其军事部署，或秘密通知美国，以便政府让其公众做好准备，美国就不会那么担心。然而，如果肯尼迪选择容忍该导弹部署，他仍然会面临严重的国内政治问题。本人于2006年8月14日采访伦纳德·米克（Leonard Meeker）时，他对此也提供了有益的见解。

[2] 原注：苏联情报中没有证据证明这是计划的一部分，但美国策划人员认为动机可能就在此处。相关支持证据参见 *The Kennedy Tapes: Inside the White House during the Cuban Missile Crisis*, ed. Ernest R. May and Philip D. Zelikow (Cambridge, MA: Belknap Press, Harvard University Press, 1997); 反对证据参见 Munton and Welch, *The Cuban Missile Crisis*, 27。

[3] 原注：在部署导弹前，至10月17日之前的许多场合，赫鲁晓夫通过他的密使格奥尔基·波沙科夫（Georgi Bolshakov）向肯尼迪保证：“无论在什么情况下，都不会将地对地导弹运送到古巴”。参见 Munton and Welch, *The Cuban Missile Crisis*, 53。

峰会上向他做出的保证遭到违反，他自己被直接地背叛了。[1]赫鲁晓夫的部署似乎大幅增加了冷战对抗的可能性。赫鲁晓夫是否打算不仅在古巴，而且在全世界激起高风险的对抗，目的是抹黑美国，恐吓其盟友，并且影响对冷战问题的解决？苏联是否会被理性所威慑，并有能力缓和合作关系？如果不能，在加勒比海阻止他们是否会更加合理？因为在那里，美国拥有大量的战略军事优势。[2]

肯尼迪总统有两个最终选择：第一，他授权实行“隔离”，即对攻击性军事装备进行封锁，必要时甚至可以扩大到对石油的封锁。[3]但肯

[1] 原注：参见 Richard Reeves, *President Kennedy: Profile of Power* (New York: Simon & Schuster, 1993), 395, citing “Letter from President John F. Kennedy to Nikita Khrushchev,” October 22, 1962, as reprinted in *The Cuban Missile Crisis, 1962: A National Security Archive Documents Reader*, ed. Laurence Chang and Peter Kornbluh (New York: The New Press, 1998), 148–149。

[2] 原注：如果美国的主要目的是恢复稳定的威慑局势，一旦受到苏联的挑战，那么在撤出导弹问题上采取坚定立场是有道理的，只有在适当的时候，他们才会向苏联做出让步（而不是先让步，然后再坚守自己的底线，该策略更难让人信服）。相关讨论请参见 Glenn Snyder and Paul Diesing, *Conflict among Nations* (Princeton: Princeton University Press,1977), and Paul Huth, *Standing Your Ground: Territorial Disputes and International Conflict*(Ann Arbor: University of Michigan Press,1996)。马克·特拉亨伯格认为，在解释 1914 年德国决定接受针对俄罗斯的预防性战争的风险时，不确定性因素也起到了重要作用；这有助于解释，在后斯大林时期，当艾森豪威尔确信苏联的领导人会尽力规避风险时，他为何决定不试图阻止苏联的核军备。Trachtenberg, “Preventive War and U.S. Foreign Policy”, 8–10. 危机期间的相关探讨，参见 May and Zelikow, *The Kennedy Tapes*, 91–93, 112–113, 175–177, 229–230。

[3] 原注：国务院副法律顾问米克创造出“隔离”一词，并用法律案件加以说明。本人于 2006 年 8 月 14 日通过电话访问了米克，从中得到了很多启发。法律界对此进行的全方位讨论，参见 Quincy Wright, *The Cuban Quarantine,* 57 Am. J. Int’l. L. 546 (1963), Myres McDougal, *The Soviet-Cuban Quarantine and Self-Defense*, 57Am. J.Int’l.L.597(1963)and Abram Chayes, *The Cuban Missile Crisis: International Crisis and the Role of Law* (New York: Oxford University Press, 1974)。现今引用此案作为先制性自卫的例证，请参见 Yoo, *Using Force*, and Wedgwood, *The Fall of Saddam Hussein*。

尼迪总统也下令使空军进入战备状态，万一隔离失败，便进行全面的空袭。[1]幸运的是，赫鲁晓夫退了一步，下令中止导弹的部署。同时，在执行委员会不知情的情况下，肯尼迪总统开辟了数个秘密通道，希望以此撤出土耳其的导弹，以换取苏联撤走部署在古巴的导弹。

针对美国只保证不会入侵古巴，赫鲁晓夫首先下令将导弹撤出古巴，但在美国还未来得及对第一次公报做出回应时，赫鲁晓夫即发出了第二次公报，其对土耳其导弹提出了要求。肯尼迪使用了著名的**“特罗洛普手法”**[2]，同意了第一次公报的要求。随后，美国时任司法部长、肯尼迪总统的兄弟鲍比·肯尼迪（Bobby Kennedy），对苏联大使阿纳托利·多勃雷宁（Anatoly Dobrynin）做出保证：只要苏方对这项交易保密，美方将从土耳其撤出导弹。赫鲁晓夫接受了这项提议。

全世界都舒了一口气。虽然隔离通常不会以此种方式呈现，但仍是合乎情理的，也是**正当的**（尽管并不合法）预防性武力的案例。然而，空中打击就是不合乎情理的了。空中打击可能会大幅升级为全面的核战争，极有可能导致上百万的人员伤亡。事实上，封锁措施确实是一种有风险的回应方式，但它符合相称性原则，也足以为这次威胁画上句号。

对于**合法性**，苏联有着长期公然侵略的记录，最近又对匈牙利进行了入侵，尽管苏联向古巴运送导弹不是非法的。但是，考虑保密要求

[1] 原注：如果赫鲁晓夫拒绝了肯尼迪提出的关于土耳其导弹的秘密交易，很难说此次袭击是否会被执行。肯尼迪似乎已经准备好接受联合国秘书长吴丹（U Thant）提出的公开交易，以撤走土耳其导弹换取苏联撤走部署在古巴的导弹。但目前还无法确定，是否会有一场危机升级的事件（如当时正在发生的事件）发生，破坏第二次交易。参见 Gaddis，*We Now Know*, 271–274。 Silverstone 在他这份对此危机详尽的案例研究中，总结了如果苏联没有撤走导弹，战争将不可避免。Scott Silverstone, *Preventive War and American Democracy* (New York: Rutledge, 2007), 123.

[2] 编注：Trollope Ploy，装作误解对方用意的手法。

和之前承诺这类部署不会发生，这种行为大幅提升了威胁性武力出现的可能性。肯尼迪适当地选择了最小比例措施迫使导弹撤出。作为对赫鲁晓夫的回报，他同样移除了苏联在土耳其面临的政治和战略威胁。肯尼迪向安理会寻求多边合法授权，并全面告知了美国当时的情况。当苏联的否决使联合国的行动受阻时，肯尼迪将这一议题提交给美洲国家组织（Organization of American States，OAS）。区域组织不能合法授权强制措施（第53条规定只有安理会才能执行），但他们确实提供了审议和合法授权机会，因为威胁逐渐升级为战争，其他国家也深受影响并参与磋商。最终美国得到合法授权。在宣布进行隔离之前，肯尼迪总统还与欧洲关键盟友麦克米伦和戴高乐进行了磋商。

1981年6月巴比伦行动

1981年6月，以色列对伊拉克奥西拉克核反应堆进行外科手术式打击，即历史上著名的巴比伦行动。这是一个单边预防性措施的实例，比采取封锁措施更具侵略性，相应地需要更为正当的理由。这一案例曾引发激烈的辩论，贝丝·波列鲍姆（Beth Polebaum）和蒂姆·麦科马克（Tim McCormack）将其视为正当预防，而托马斯和萨莉·马琳森（Sally Mallinson）则对此表示质疑。[1]

（对此事件，我们从致命性、可能性、正当性和合法性等因素进行

---

[1] 原注：Beth Polebaum, *National Self-Defense in International Law:An Emerging Standard for a Nuclear Age*, 59 N.Y.U. L. Rev. 187 (1984). For other views, see Timothy L. H. McCormack, *Self- Defense in International Law: The Israeli Raid on the Iraqi Nuclear Reactor* (NewYork: St. Martin's Press, 1996), 23–37, 101–110, 211–239, 285–302; and W. Thomas Mallison and Sally V. Mallison, *The Israeli Aerial Attack of June 7, 1981, upon the Iraqi Nuclear Reactor: Aggression or Self-Defense?*, 15 Vand. J. Transnat'l L. 417 (1982).

如下分析考虑。）

第一，伊拉克核计划的确可能存在致命性；核计划不仅在技术层面可行，而且可用于军事目的。以色列认为，奥西拉克核反应堆是核设施的一部分，每年能生产出2至3枚广岛级核弹。[1]国际原子能机构前监

---

[1] 原注：1981年伊拉克核项目的具体情况仍然不确定，但一名理性的以色列官员似乎对此有理由深表怀疑。令人困惑的是，“奥西拉克”是一个核反应堆（Tammuz 1）——一套核反应系统中最小的一个反应堆，而这套系统还包含一个更大的核反应堆（Tammuz 2）和意大利建的钚元素提炼的“热核”（hot cell）。但“奥西拉克”通常被用以指代整套系统。以色列高估了这套系统在制作核武器方面的能力（高估了三至四倍）。物理学家理查德·威尔森（Richard Wilson）注意到，伊拉克奥西拉克核反应堆所使用的是轻水而非重水，这样的反应堆所产生的武器级别的浓缩钚只是非常小的比例。（可见2005年8月与《核消息》[*Nuclear News*]编辑的通信）另一方面，当时的以色列总理贝京十分确信，伊拉克的反应堆如以色列在迪莫纳（Dimona）的一样，都为重水反应堆，但以色列情报部门对此如何认定并不清楚。当时有三个因素看来至关重要：第一，伊拉克没有接受价格更低的却不能制作核武器的浓缩核燃料，且在美国的坚持下，法国在出售给伊拉克前，对核燃料进行了去放射性处理，使得核武器级别的提炼更加困难。但伊拉克同意大利签订的“热核”实验室可以从浓缩核燃料中提炼浓缩钚。参见“A Risky Nuclear Game,” *Newsweek*, June 22,1981, 25。第二，伊拉克购买了250吨天然铀，要不是用来制作核武器，当前反应堆的处理能力无须如此数量。第三，伊拉克购买了10吨贫化和天然铀（理想的钚燃料来源），并积极寻求购买更多的贫化铀。参见Leonard S. Spector, *Nuclear Proliferation Today* (New York: Vintage Books,1984); George Amsel, Jean Pierre Pharabod, and Raymond Sene, “Rapport:Osirak et la prolifération des armesatomiques” [Report:Osiraq and theproliferationof nuclear weapons] (Paris: Groupe de Physiquedes Solides,Université Paris VII, May 1981), reprinted in *Les temps modernes*, September 1981,375–413; and Jed C. Snyder, “The Road to Osiraq: Baghdad's Quest for the Bomb,” *Middle East Journal* 37, no.4 (1983):577–578。不幸的是，20世纪80年代国际原子能机构的检查没能觉察到这种欺骗。在奥西拉克被摧毁后，萨达姆·侯赛因极大地增加了在核武器上的投资，到1988年生产能力显著提升，但在随后的海湾战争的空袭中被摧毁，在90年代早期被联合国特别委员会（UNSCOM）的监察员彻底取缔。参见McCormack, *Self-Defense in International Law*, 38–61。

察员罗杰·里克特（Roger Richter）随后得出结论，这些证据“数量众多、显而易见且令人信服”，并且“可推断出伊拉克已着手进行核武器计划”。[1]一枚小型核弹在以色列港市特拉维夫（Tel Aviv）爆炸，足以令约10万以色列人丧生。[2]由此得出，整个伊拉克核计划确实令以色列官员担忧。

第二，对可能性产生影响的是，伊拉克在战争中明显意图使用被禁武器。早在1981年之前，伊拉克前总统萨达姆残忍对付其眼中弱小敌人——包括**“阿拉伯复兴社会党”**（Baath Party）在内的对手和伊朗人，就有明确的记录。此外，从严格意义上来说，以色列和伊拉克仍然处于战争状态，这是1973年**“赎罪日战争”**（Yom Kippur War）对以色列的联合攻击造成的。较之这两项因素，更重要的是，萨达姆的核计划与以色列之间的明确联系。除了从秘密消息来源获取的关于伊拉克核计划的内部资料外，受到严格控制的伊拉克媒体报道了以色列对伊拉克核反应堆能力的担忧，以及萨达姆宣称阿拉伯世界必须发展核武器，“用核弹摧毁特拉维夫”；对此，以色列人有清晰的认识。[3]

第三，出于正当性、相称性考虑，1981年7月采取行动是最后的有

---

[1] 原注：Senate Foreign Relations Committee, *The Israeli Air Strike: Hearings before the Senate Committee on Foreign Relations*, 97th Cong., 1st sess., 1981 (statement of Mr. Roger Richter).

[2] 原注：Rodger W. Claire, *Raid on the Sun: Inside Israel's Secret Campaign That Denied Saddam the Bomb* (New York: Broadway Books, 2005), 41.

[3] 原注：详见 Iraqi News Agency (Baghdad), August 19, 1980 与 Polebaum, *National Self-Defense in International Law*, 第 218–219 页中的讨论。联合国特别委员会后来发现，萨达姆的真实意图是想生产核武器，但问题的关键是以色列当时已获知了什么消息。参见 McCormack, *Self-Defense in International Law*, 45。

效时机。伊拉克核反应堆将于7月实际运转，任何攻击都会对巴格达造成附带影响。据以色列情报预测，一旦反应堆开始运作，1985年时伊拉克就能拥有核弹。

第四，以色列尝试的外交合法方案会影响正当性和合法性。以色列总理梅纳赫姆·贝京（Begin）恳求法国总统吉斯卡尔·德斯坦（Valéry Giscard d’Estaing）撤出法国技术人员。随后，以色列劳工党领袖西蒙·佩雷斯（Shimon Peres）倡议延迟对奥西拉克核反应堆的攻击，原因在于他认为攻击将会加速**“伊斯兰核弹”**（Islamic Bomb）的发展，并且相信法国社会党领袖弗朗索瓦·密特朗（François Mitterand）将会赢得法国选举，及取消出售核燃料到伊拉克。然而，密特朗当选后并未这样做。[1]

第五条也是最后一条，对正当性产生影响的是，以色列的攻击目的仅在于终结伊拉克的核威胁。它选择在伊拉克人和外国人最不可能出现的时段（某个星期日）摧毁核反应堆，总共造成8人死亡，包括1名法国技术员。

这些并不意味着以色列攻击核反应堆的决定是显而易见的、毫不费力的或意见一致的。内阁最初分歧重重，国防部长埃泽尔·魏茨曼（Ezer Weizman）因意见分歧辞职。副总理伊果·亚丁（Yigal Yadin）要求军事当局提供一份完整的报告，并用原始情报来说服他。

此外，这次名为**“巴比伦行动”**的打击行动，可能是出于国内政治动机（古巴导弹危机也是如此）。它加强了利库德集团（Likud）的实力，并可能帮助其赢得了在1981年6月30日完全控制政府所需的席位。联合国安理会第487号决议严厉谴责此次攻击是一种侵略行

[1] 原注：Claire, *Raid on the Sun*, 147.

动，美国也没有以否决权介入。该攻击可能加快了萨达姆核计划的进程。[1]萨达姆在核计划加速上投入更多，但伊拉克现在被迫使用离心机和电磁铁而不是钚的副产品，进行更为复杂的提取过程。然而最后，尽管对核武器生产的投资大大增加，萨达姆在1990年攻击科威特之前没能拥有核炸弹。[2]

表1–1 评估

	致命性	可能性	正当性	合法性[a]	评估净值[b]
制裁南非	小	中	大	小中大（中，大）	大
古巴导弹“隔离”	大	小	中	小（中，极小）	大
攻击奥西拉克	中	中	中	小（中，极小）	中
反恐/1998年打击基地组织	小	大	小	小/中（大，极小）	大
2003年入侵伊拉克	小	中	极小	中（大，小）	极小
2008年攻击伊朗，单边行动	小	中	极小	小（中，极小）	极小

注释：此表以正文中所描述历史事件的整体印象作为评估标准，分为“极小”“小”“中”“大”四个等级，对特定因素的经验以四分位数进行量化处理（如果可以量化），从“极小”开始为四分位数最低者，依次上升为“小”“中”，而“大”为四分位数最高者。

a. 合法性评估结果取目标国行为违法性与回应行动合法性的平均值。括号中第一个数值代表目标国的违法性，第二个代表回应行动的合法性。

b. 评估净值指该预防性行动的整体评估结果，即致命性×可能性×正当性×合法性的总值。

[1] 原注：Dan Reiter, “Preventive Attacks against Nuclear Programs and the ‘Success’ at Osiraq,” *Nonproliferation Review* 12, no. 2 (2005): 355–371.

[2] 原注：Dan Reiter, “Preventive Attacks against Nuclear Programs and the ‘Success’ at Osiraq,” *Nonproliferation Review* 12, no. 2 (2005):235。

当今案例

南非及相关的多边案例，阐明了多边授权的预防所采用的实质性标准。值得注意的是，在这些案例中使用武力是经过安理会授权的，事实上几乎是合法的。案例中预防性使用武力仍然严重侵犯国内主权，尽管以多边授权的方式可能做得更合理。

单边案例的情况则不同。从古巴导弹危机和以色列对奥西拉克核反应堆的攻击事件中，可得出有三个因素在起作用：一、对某一特定国家造成致命威胁的可能性急剧增加；二、导弹部署和反应堆发展的合法性，与威胁性政权的非法记录（主要是侵害人权的记录）形成对比；三、应对措施的必然局限性（分别是隔离和外科手术式打击）。

当我们谈到当代国际安全问题时，这四项标准有助于我们审议有争议的案件。人们希望这些标准能为做出判断和行动，制定出一套清晰的规则或精确的秘方。但事实与之不同。最好将这四项标准理解为一组相关问题，在过去案例中这些问题的答案，可作为进一步审议的基准。

反恐努力：（1998年）基地组织和（2001年）阿富汗

1998年8月7日，美国驻坦桑尼亚旧都达累斯萨拉姆、肯尼亚首都内罗比的大使馆，相继发生汽车炸弹袭击事件，共造成257人死亡，约4000人不同程度受伤。8月20日，克林顿政府向阿富汗霍斯特省附近的基地组织集训营和苏丹首府喀土穆附近的希法制药厂发射巡航导弹。本·拉登被认为策划了两次大使馆攻击，他当时正与基地组织某些高级成员据守霍斯特。希法制药厂被视作由本·拉登控制的神经毒气工厂。美国在这场攻击中击毙至少20—30名基地组织成员，但没能抓住本·拉登。

如果克林顿政府的情报完全可靠，那这两处攻击就不能算作是“预防性”攻击。若美国大使馆遭受攻击时，本·拉登真的在霍斯特的会议上筹划日后的袭击，那么1998年2月23日，向以美国为代表的西方世界进行的全面宣战，将构成“第51条”自卫定义所指的“进行中”的攻击。[1]

然而，一些为袭击辩护的情报似乎存在错误。政府部门无法提供苏丹希法工厂生产神经毒气的证据，以回应那些为其生产药品提供了证据的许多批评人士。除非我们获取更多可靠的信息，否则攻击希法工厂就是个错误。

而且，如果霍斯特会议不是针对特定攻击的筹划会议，那美国的攻击充其量是正当预防，而不是自卫。显然，美国政府获知了充分的情报，即基地组织策划了这两个大使馆的爆炸案。[2]此外，教令是众所周知的。因此，我们有理由认为，基地组织有意图且有能力在可预见的将来再次袭击美国国民（即便不是迫在眉睫），此前发生在达累斯萨拉姆和内罗比的两次爆炸事故即可充分证明。美国政府在对致命性和可能性进行合理判定后，也表现出对相称性的关注以提升其正当性。在攻击这

[1] 原注：Jules Lobel, *The Use of Force to Respond to Terrorist Attacks: The Bombing of Sudan and Afghanistan*, 24 Yale J. Int'l L. 537, 543 (1999).

[2] 原注：National Commission on Terrorist Attacks upon the United States, *The 9/11 Commission Report: Final Report of the National Commission on Terrorist Attacks upon the United States* (New York: Norton, 2004), 115–116. 后文均将其引述为“9·11”报告 (*9/11 Report*)。

些营地前，策划人员必须确认其攻击对象是“圣战者”营地，并且远离阿富汗平民住宅。[1]

然而，美国政府在使用武力方面所欠缺的，是为反恐打击寻求法律的保障。即使8月20日的情报在时间和地点上过于敏感，无法在安理会获得充分审议和特别授权，后续的袭击事件还是应该在安理会进行审议。凑巧的是，美国本应因缺乏支持攻击希法工厂的证据而感到羞愧，但它能找到反对基地组织的理由，就如同1986年轰炸的黎波里时，里根政府公开提出对利比亚的指控一样。[2]

虽然结果无法确定，但如果要通过一项决议，将基地组织定性为恐怖组织，甚或成立一个审判其成员的法庭，使打击基地组织恐怖分子的战争合法化，还有很长的路要走。

本·拉登躲过了1998年的袭击，自此后直到“9·11”事件之前再无此等良机来阻止基地组织的后续攻击。[3]袭击发生一年后，克林顿政府寻求并得到了联合国安理会对袭击的谴责（第1267号决议），后者要求对塔利班实施（力度越来越大的）制裁，以引渡本·拉登。布什政府继续计划利用“捕食者”无人机对本·拉登进行秘密暗杀，不过直到“9·11”事件爆发前仍毫无进展。塔利班则持续为基地组织提供避难所及其他支援，与此同时，基地组织为塔利班提供资金。这种联系一直

---

[1] 原注：National Commission on Terrorist Attacks upon the United States, *The 9/11 Commission Report: Final Report of the National Commission on Terrorist Attacks upon the United States* (New York: Norton, 2004),116.

[2] 原注：参见 Reisman, *International Legal Responses to Terrorism*, 31–33。

[3] 原注：还有其他机会，包括 1999 年 12 月 20 日在坎大哈对本·拉登实施的一次潜在攻击，但这类潜在攻击要么证据不可靠，要么涉及被认为是不成比例的非战斗人员伤亡。即使对美国军舰“科尔号”的袭击，也是难以取证的。*9/11 Report*, 190–197.

持续至2001年10月，被美国所领导的联盟采取自卫行动（以及为了应对基地组织未来极有可能继续发动袭击的威胁）推翻了。[1]

2003年，伊拉克

2003年3月对伊拉克的入侵表明，针对伊拉克不断上升的侵犯人权记录且掺杂着对安理会决议的遵守情况（比萨达姆·侯赛因准备承认或甚至知道的所做出的让步还要大），做出的是未设限的应对（入侵和政权更迭）。

大部分的法律辩论仅关注安理会决议是否应授权单边强制执行。[2]支持者引述了萨达姆没有完全遵守的许多决议，以及第1441号决议（2002年11月）中的授权文字。萨达姆没有遵守要求他解除武装的许多决议，他辩称在“海湾战争”第678号决议（1990年）和第687号决议（1991年），以及被认可的第1441号决议中，都体现出授权使用一切必要武力。

反对者指出，第1441号决议中的文字，看起来是在要求安理会根据**“联合国监测、核查和视察委员会”**（UN Monitoring, Verification and Inspection Committee，UNMOVIC，简称“监核会”）提供的有关伊拉

[1] 原注：在遭受“9·11”恐怖袭击和塔利班不愿交出基地组织领导人（除非是交给阿富汗或巴基斯坦的伊斯兰宗教法庭）后，美国及其盟友入侵阿富汗，是为了逮捕本·拉登及其同伙，根除基地组织，推翻塔利班的统治。此举措在2001年9月12日和28日被联合国安理会第1368和第1373号决议认定为自卫行为。但是，因为没有证据证明基地组织计划立即发动袭击，其正当理由可能就仅是“预防”，但本·拉登的过去记录表明，只要他拥有能力，他肯定会再次出击。

[2] 原注：关于不同立场的中肯评价，参见Attorney General Lord Peter Goldsmith, “Memorandum to Prime Minister Tony Blair,” March 7,2003, http://tomjoad.org/goldsmithmemo.pdf。同时期的探讨，参见Yoo, *Using Force,* and Wedgwood, *The Fall of Saddam Hussein*。

克被禁武器状态的信息，做出进一步的决定。但监核会未能做出最终决定，安理会也没有授权第1441号决议的具体执行。[1]

萨达姆侵略毗邻国家、侵犯人权、对裁军核验不配合的记录，提供了足够多的证据，证明了持续的预防性制裁和强化检查机制是正当的。事实上，为避免禁飞区惨遭更大威胁，1998年美国发动**"沙漠之狐"**（Desert Fox）空袭行动，阻止了伊拉克显著提升其防空系统能力的计划。禁飞区是1991年建立的，这一预防性机制的目的是为了阻止伊拉克成为拥有大规模杀伤性武器的强权。该机制需要大幅度调整以在更大程度上减少对无辜民众的伤害，事实证明其确实行之有效。

然而，2003年3月，美国缺乏证据表明萨达姆成功发展核武器，也缺乏证据显示后者对国内或国际敌人使用化学或生物武器很困难，这导致入侵和占领是非法的，极度不符合相称性原则且是不正当的。美国关于威胁和可能性的情报很欠缺。国务院情报办公室曾警告国务卿鲍威尔，该论据没有一丝可信度；这绝非中情局局长特内特（Tenet）所宣称的一记"精彩重击"（slam dunk）。在著名的2月5日联合国演讲之前，鲍威尔虽从白宫建议草稿中剔除了最差的部分，却还是保留了一些模棱两可的指控——部分中情局人员不可信赖，包括指控萨达姆

[1] 原注：这就提出了重要的程序性原则。安理会是立法、行政，还是司法机构？《联合国宪章》和惯例一直以来有三个方面的解释：安理会决议是有约束力的，且是超越特定案例的准立法；安理会可做出行政性决议；安理会可做出权威性判决，并根据具体案件的判决实施处罚性决定。最安全且联合国立法专家最为拥护的一个是：以上三种解释对安理会全部适用，这就意味着安理会对其决议有解释权，能够且只有它能够进行授权。从某些方面来看，安理会就如同以前的英国枢密院（British Privy Council），两者有相近的职能。枢密院的一个小组委员会成为现代内阁；另一个则成为臭名昭著的"星室法院"（Star Chamber，英国历史上以滥刑专断闻名于世的法庭，1614年被取缔）。

与“9 · 11”恐怖分子相勾结。布什政府最后一任武器监察员戴维 · 凯（David Kay），根据20世纪90年代自己担任武器监察员的工作经验，认为萨达姆试图藏匿大规模杀伤性武器。当审视鲍威尔所采用的证据时，他得出了“越看越怀疑真实存在”的结论。[1]

最重要的是，没有证据表明萨达姆变得更危险，或检查工作是失败的。

因为萨达姆构成了持续性威胁，所以2001年春美国与俄罗斯经过艰难谈判最终达成的预防性措施，有充分的正当性。这项制裁对伊拉克来说是全新的且符合相称性原则，限于在边境对军事项目进行监控。[2]如此一来，尽管入侵的合法性尚无法确定，但2003年入侵伊拉克将致命性、可能性和相称性原则都考虑到了。

2008年，伊朗

根据目前现有资料可知，对伊朗进行大规模的预防性攻击缺乏正当理由。伊朗总统艾哈迈迪 · 内贾德威胁说要“让以色列在地图上消

[1] 原注：引自 Bob Woodward, *State of Denial* (New York: Simon & Schuster, 2006), 217。

[2] 原注：现存的制裁制度要修订，以便更好地将制裁目标对准军事能力和政权，而非牵涉无辜平民。由于萨达姆 · 侯赛因拒绝撤军，在 1991—1998 年间，因制裁所导致的 5 岁以下孩子的死亡人数超过 20 万。这些“额外死亡”（excess deaths）数据从丹尼斯 · 哈利迪（Denis Halliday）的指控中得来，这位前联合国“石油换粮食计划”官员因此愤而辞职。参见 Richard Garfield, “Morbidity and Mortality among Iraqi Children from 1990 through 1998: Assessing the Impact of the Gulf War and Economic Sanctions,” July 1999, http://www.casi.org.uk/info/garfield/drgarfield.html；这一研究被托马斯 · 波格（Thomas Pogge）在其 2006 的文章中引用，Amnesty Lecture, “Making War on Terrorists” (lecture, Oxford University,February 24, 2006)。联合国在 2001 年夏设计出专注于军事物资的另一套制裁制度，即英明制裁 (smart sanctions)，被整合后纳入安理会第 1409 号决议这个一整套改革的“前言”中，参见 Security Council Resolution 1409, S/RES/1409, May 14, 2002。可是，这些努力随着“9 · 11”事件后的反恐战争而失败了。

失”，这大大增加了发动致命性攻击的**可能性**。在**合法性**方面，这些威胁本身就违反了《联合国宪章》第2条第4款，加之伊朗国内对少数民族权利的侵犯，形成了一种令人不安的模式。伊朗威胁引发的回应，表明威胁水平正与日俱增。以色列各级官员私下里对此议论纷纷；美国副总统迪克·切尼也公开表示，“美国同各国一道，给伊朗政府传达一条明确信息：我们绝不赞成伊朗拥有核武器”。[1]

但是，伊朗试图获得核燃料再处理的能力，似乎是在《防止核扩散条约》的范围之内。问题在于伊朗此举是否意在谋取核武器。现有的不确定性程度，以及（为消除潜在威胁而必须采取的）军事行动可能导致的巨大代价，都要求采取谨慎的步骤、多边授权，以及一项仅针对军事能力和执政政权的制裁行动。[2]

打击恐怖分子的更好机制

将非国家行为体获取**大规模杀伤性武器**作为本章收尾议题，非常合适。该议题对现行国际法是一种深刻的挑战。国际法的权利和义务概念是为各国制定的，不能简单地把责任转移给缺乏承担政治独立和领土利益之责的行为体。这不仅是因为像基地组织这样的行为体比国家（想一

[1] 原注：Brian Knowlton, “Bush Takes Tough Line, As Does Iran Leader,” *International Herald Tribune*, April 18, 2006, 1.

[2] 原注：该审议经过深思熟虑，参见 Scott Sagan, “How to Keep the Bomb from Iran,” *Foreign Affairs* 85, no. 5 (2006): 45–60；也可参见本人在“Iran and the West: A Symposium,”（*Dissent*, Winter 2007, 46–47）中的回应。2007 年 12 月，美国在《伊朗国家情报评估》（National Intelligence Estimate on Iran）中宣称伊朗已在 2003 年终止核武器计划，这进一步加剧了不确定性。国际原子能机构和多个欧洲情报机构都认为该报告不可信。一位法国专家称之为“幻觉”（hallucinatory），参见 John Vinocur, “On Iran, US Policy Implosion Causes Grief for Europe.” *Intl. Herald Tribune*, http://www.iht.com/bin/printfriendly.php? Id8669385, 12/11/2007。

下纳粹德国或斯大林主义的苏联）更邪恶，还因为他们缺乏利益和制度能力，无法使他们具有威慑力。

因此，当任何非国家行为体取得大规模杀伤性武器，其东道国未能采取适当措施时，安理会就有合理理由对其采取预防性行动。

目前的结构反映了安理会第1540号决议授予的广泛权力，但也反映了两个严重的差距。第一，多边执法力度不够。报告安理会第1540号决议关于禁止资助、培训和包庇恐怖分子等的执行情况，是有用的，但对执行该决议的帮助很少，而且由谁来执行含糊不清。

第二，同样令人不安的是，缺乏明确的程序来保护个人和企业免遭被诬告为恐怖分子或支持恐怖分子的指控。无辜的个人和组织可能在有机会洗脱罪名之前就被卷入其机制，遭受严重的财政和个人伤害。从表面上看，反恐程序由安理会授权，但却有可能遭人利用，被当作围捕国内政治对手的理由。[1]在公开特定指控对象与恐怖组织的关系前，安理会1267（制裁）委员会拥有允许提出上诉的程序，似乎是必要的。[2]

---

[1] 原注：Kim Lane Scheppele, “The Migration of Anti-Constitutional Ideas: The Post-9/11 Globalization of Public Law and the International State of Emergency,” in *The Migration of Constitutional Ideas*, ed. Sujit Choudhry (Cambridge: Cambridge University Press, 2006), 347–373.

[2] 原注：目前名单中有 359 人。德国律师古尔·皮纳尔（Gul Pinar，代表名单上的其中一人）称之为“惩罚未经审判”。联合国安理会程序允许在将某人列入名单前可不经过任何法院程序，之后不能提出上诉，而不是通过可能导致个人所在国政府请求将其从名单上删除的国家进程。如果个人所在国政府使用安理会第 1267 或 1373 号决议进行判决，则持不同政见者将无处求助。名单中的人被禁止出国旅行，他们的银行账户被冻结，并受到经济活动的其他限制。欧洲委员会认定安理会第 1267 号决议同《欧洲人权公约》相冲突。关于这些议题的探讨，参见 David Crawford, “The Black Holeofa U.N. Black list,” *Wall Street Journal*, October 2, 2006, A6；约翰·博尔顿（John R. Bolton）大使的回复，参见 letter to the editor, “U.N. Rightly Imposed Sanctions on Terrorists,” *Wall Street Journal*, October 6, 2006, A15。

结论

一个负责任的政府是否应该尝试威慑潜在敌人，或者是否应该先发制人——采取预防性行动，以免遭受敌人看似有意、此前已显现出来、可能再次显现出来的攻击预谋？

等待危险迫近是否比率先发难更安全？或者说，抢在危险扩大之前主动出击是否更明智，即使这意味着所谓的危险可能并不存在？

一种办法是民主国家的公民信任他们选出的领导人，由其确定值得防患于未然的那些威胁。不过，在伊拉克之后，美国民众已经不太倾向于支持如布什总统在“9・11”事件后的著名誓言——立志不会“等待再次被攻击”，而是“向敌人开战”；“在他们攻击我们之前，先在国外打败他们”。

并不存在完全令人满意的结果。霍布斯的现实主义和康德的自由主义经验教训并没有被超越。只要还存在一些缺乏责任意识和不尊重自由共和政体的国家，国家间依然倾向于利用战争来解决基本争端。国际政

也可参见 David Dyzenhaus, “The Rule of (Administrative)Law in International Law,” *Law and Contemporary Problems*, 68, nos. 3–4 (2005):127–166。两项最新进展改善了这些被指控与恐怖分子有关系者的权利：第一，确认了安理会决议的不可复审性不同于强制法规的标准，欧洲初审法院（European Court of First Instance）断定适用于安理会决议的判决是可以上诉复审的。但根据欧洲人权又推翻了该判决，执行安理会第 1373 号决议。第二，2006 年 12 月 19 日，安理会第 1730 号决议，确立了针对个人的复审流程，使得个人能够通过制裁委员会进行上诉，虽然他本人不能参加，并且上诉公民所在国政府也必须支持将上诉公民从制裁名单中移除。参见 European Court of Justice, http://curia.europa.eu/en; Chia Lehnardt，“European Court Rules on UN and EU Terrorist Suspects,” *ASIL Insight* 11, no. 1 (2007), http://www.asil.org/insights/2007/01/insights070131.html。

治只要缺少解决争端的最高统治权，国家间依然会做出利己害人之举并自认为解释合理，而这有时会引发威胁，有时则是无意识地引发。[1]

预防策略是不完美和不完整的，要对我们现在生活的世界做出正确的预防决策，将要依靠民主国家的公众——他们知道他们的行为会为其他效仿的人树立榜样。

对致命性、可能性、正当性和合法性问题的回答远不是灵丹妙药，但它们可以帮助公众和声称能代表他们更好地在生死问题上做出谨慎决定的领导人。

[1] 原注：本人发现理查德·塔克对此议题的评论，有助于阐明这一点。

第二章
对多伊尔文章的评论

一、高洪柱的评论

早先，迈克尔·多伊尔在已成为学术经典的著作中告诉我们，自由民主国家不会相互争斗。[1]基于同样的精神，我想说自由国际主义者也不应相互争斗。在这篇评论中，多伊尔以极大的严谨性，探讨大多数人，尤其是乔治·沃克·布什（George W. Bush）政府过度简化处理的问题，这一努力令人钦佩，我希望能够利用我的发现为其增添合法的构架。

迈克尔·多伊尔在他的文章中认为，如果国际法中有更合适的关于预期性战争和战争措施的标准，将出现更好的结果，包括美国及其他守法国家将更安全。

因扎根于政治理论和国际关系（现在是国际法），多伊尔从三个不同的角度剖析这一主张：第一是正义战理论；第二是作为一个相信国家间合作的自由国际关系理论家；第三是作为一名主张预防法学的国际法学家。

多伊尔的预防标准可以归结为一个简单的观点——行政自由裁量权应由法律引导。他认为，一个国家使用武力的自由裁量权，应由分为“三步”的法律标准来引导。我将在此以两次“欢呼”论证多伊尔的观

[1] 原注：例如参见 Michael W. Doyle, *Liberalism and World Politics*, 80 Am. Poli. Sci. Rev. 1151 (1986)。

点，为他的前两个步骤鼓掌呐喊，但不包括第三个。

第一步，多伊尔强调了批准预防性战争的多边框架的重要性。具体来说，他敦促我们应当通过法律标准来引导安理会的自由裁量权。我觉得这个建议很好。

第二步呼吁，通过发展、追随法律体系和预期性使用武力的判例法，引导安理会依据《联合国宪章》第39条条款进行判决；多伊尔用一些启发性的案例对该法律体系进行了解释，如以色列攻击奥西拉克的核反应堆、古巴导弹危机和第二次海湾战争等真实案例。对此，我在很大程度上认同他的观点。

但是，我不赞同第三步。多伊尔在此表明，在特殊情况下，同一条法律标准既被应用于多边干预措施，又被用于引导国家的自由裁量权，**单边行使**（exercised unilaterally）并承担他们的预期性军事行动。实际上，我不认为“多伊尔的四个L”，即致命性、可能性、正当性和合法性这四项标准，能真正引导或限制单边军事行动。再者，我们也不应该鼓励它们的应用。相反，我建议应当禁止单边预期性战争，对以防御为目的、未获事先许可而寻求事后辩护的预期性行动，也应该禁止。

我为前两个步骤“欢呼”的原因主要有以下五点。首先，将预先授权的概念等同于合法防御很不合适，根本不存在“预先授权一次合法防御”这种说法。大多数法律工作者都会仔细区分防御和授权行动的理由。自卫是一种防御。先制性使用武力则是一种攻击。因此，“预期性自卫”的概念是一个矛盾的结合体，就像“防守进攻”（defensive offense）或“积极的反应”（proactive reaction）一样。授权单一国家做出单边行动，混淆了积极概念和反应概念。例如，法律工作者应该注意不能混淆必要防御与事先授权。假设我已知不应该闯红灯，但却看到一辆失控的校车快要撞上一群学生，在违反法律前我没法寻求授权。在那种非常情况下，我相信自己做了应该做的事情，然后在后续的起诉和定罪中将必要性作为一种辩护。必要防御并不能作为事先授权的理由。

必要防御是指，个人必须在特定的事实背景下对威胁做出反应，然后论证在特定的情况下，根据当时所掌握的知识，他或她的行为在事后看来是正当的。这与多伊尔建议的，提前授权整个类别行动的标准（具有普遍性和前瞻性的标准）大不相同。正如以色列前任首席法官巴拉克所说：

> 必要防御不能当成授权理由……防御是指个体对既定事件做出回应的行为……防御的本质并不能被看作是授权理由……授权……基于具有普遍性、前瞻性的标准之上，而不是对刑事责任的辩护。[1]

多伊尔的单边先制分析（unilateral preemption analysis）模糊了进攻与防御的界限，导致不可避免的滑坡谬误[2]。毕竟，如果我们能在先制性自卫中发动攻击，那么在其他许多事件中我们也可以声称是在自卫。我们不会忘记2002年美国司法部臭名昭著的**“酷刑备忘录”**（Torture

---

[1] 原注：Aharon Barak, Israel Supreme Court, *Judgments of the Israel Supreme Court: Fighting Terrorism within the Law* 51–52 (2005) (internal citations omitted), available at http://www.mfa.gov.il/MFA/Government/Law/Legal+Issues+and+Rulings/Fighting+Terrorism+within+the+Law+2-Jan-2005.htm (follow “PDF version (407KB)” hyperlink).

[2] 编注：slippery slope，是一种逻辑谬论，即不合理地使用一连串的因果关系，将“可能性”转化为“必然性”，以达到某种结论。

Memo），其中提到“出于先制性自卫，我们可以拷问他人”。[1]鉴于该行为表面上是对并未发生的事做出回应，以先制性自卫的名义所采取的行动范围没有受到限制。意料之中的是，合理设限这一问题一直困扰着德肖维茨。他认为，先制性使用武力和以自卫名义获得预先授权的酷刑，这两种形式都面临如何合理设限的困扰。[2]因此，我认为足以反驳多伊尔提议的第一个观点是，本应该在防御之后更好处理的事情，却事先给予合法授权，这是分类上的错误。

我的第二个反对观点是，多伊尔借用北大西洋公约组织在科索沃地区进行长期干涉后所建立的模式，作为他管理多边控制人道主义干预的法律标准，以此作为预先授权的模式。在我看来，不论管理人道主义干预的多边标准如何有效，它们在**“单边使用先制性武力”**中都不那么有用。

据考察，人道主义干预与先制性干预，至少有三个重要的区别。第一，在多边环境下，使用武力要接受外部和内部的检查，因此，进行多边干预的国家必须同意，在进一步行动前人道主义干预的标准已得到满足。如果你曾在政府工作，你就会了解只有通过单边手段才能推行单

[1] 原注：参见 Memorandum of August 1, 2002, from Jay S. Bybee, Assistant Attorney General, Office of Legal Counsel, to Alberto R. Gonzales, Counsel to the President, Regarding Standards of Conduct for Interrogation under 18 U.S.C. 2340–40A (August 1, 2004), available at http://news.findlaw.com/nytimes/docs/doj/bybee80102mempdf at 45。“为使美国日后不受基地恐怖分子网络的袭击，美国政府的被告很有可能会在审讯时伤害敌方人员，即使这种伤害行为违反刑法……关于自卫权的国内外视角可以巩固并增强政府对于个人权利的保护。”对司法部酷刑备忘录的分析和批判，可参见 Harold Hongju Koh, *Can the President Be Torturer-in-Chief?*, 81 Ind. L.J. 1145 (2006)。

[2] 原注：可比较 Alan M. Dershowitz, *Why Terrorism Works: Understanding the Threat, Responding to the Challenge* (New Haven: Yale University Press, 2002), 156–163（支持彻底禁止酷刑，但认为国会应通过一条规定，要求审讯者向法院申请“酷刑令”，限制该种做法）与 Alan M. Dershowitz, *Preemption: A Knife That Cuts Both Ways* (New York: W. W. Norton, 2006)（正如多伊尔所说的，要求建立先制的法律体系）。

边标准。当一个国家的法律工作者认为国家的存亡岌岌可危时——他们或者选择顺从，或者更糟的是，“能干的法律工作者”认为，总统应该拥有不受约束的行政权力，以应对所有的危机（无论是真实的还是感知的）——那就有大麻烦了。[1]如果你注意到在白宫法律顾问办公室常伴总统左右、对其顺从的法律工作者，如司法部长和国防部总法律顾问，你很快就能得出可悲的结论，他们并不是意志坚定、思想独立的律师，在单边情况下不太可能基于法治对总统的意志施加限制。[2]

先制性干预和人道主义干预之间的第二个区别是，人道主义干预本质上不会引发反干预的循环或先制的连锁反应。北约对科索沃进行的人道主义干预，并没有使塞尔维亚对黑山共和国采取人道主义干预的报复措施。正如迈克尔·多伊尔提到的，印度惧怕巴基斯坦或美国惧怕朝鲜是一回事儿，但根据国际惯例法中现行关于自卫的**“卡罗琳原则”**，仅仅惧怕是不够的。在被侵略对象做出合法自卫反应之前，必须有人先采取行动，且以明确的侵略性方式进行。[3]对于觉察到的威胁、预料到

[1] 原注：例如参见约翰·尤的 *The Powers of War and Peace*：*The Constitution and Foreign Affairs after 9/11*（Chicago: University of Chicago Press, 2005）（认为对总统在外交事务方面的宪法权威，应该进行非常全面的解读）。

[2] 原注：这经过新闻记者证实，参见 Charlie Savage, *Takeover: The Return of the Imperial Presidency and the Subversion of American Democracy* (Boston: Little, Brown and Company, 2007)。

[3] 原注：1837 年，在著名的卡罗琳事件之后，美国国务卿丹尼尔·韦伯斯特明确了自卫的定义，这最终被写入国际惯例法中。当英国军队毁灭了“卡罗琳号”（一艘试图给加拿大叛乱者运送物资的蒸汽船），韦伯斯特坚称英国的行为并不是自卫行动。“自卫只有在迫在眉睫的、在必要性上具有压倒性优势、无其他办法可供选择、无时间从长计议的情况下才是正当的。” Emanuel Gross, *Thwarting Terrorist Acts by Attacking the Perpetrators or Their Commanders as an Act of Self-Defense: Human Rights versus the State's Duty to Protect Its Citizens*, 15 Temple Int'l & Comp L. J. 195, 211 (2001).

的威胁，或者隐约预感到你的敌人或许觉察到你可能预料到他有可能会把你当作威胁这三种情况，如果我们对法律做出修改，允许国家做出回应，那么猜测与断言将很快取代证明和证据。2003年，人们认为有必要对伊拉克进行干预，以阻止萨达姆使用大规模杀伤性武器，这种想法在当时得到广泛认同，但在事后却遭到广泛质疑，这并非偶然。

第三点也即最后一点，人道主义干预与先制性干预不能进行类比。我想讲述自己的亲身经历，在科索沃和东帝汶（East Timor）的人道主义危机期间，我担任助理国务卿。当严肃思考“先发制人”这一问题时，并没有获得有意义的概念以定义相称性的应对之策。在科索沃和东帝汶的人道主义干预局势中，人们遭到杀害，这使得我们有可能衡量出危机的规模，部队犯下的战争罪行，估算出需要多大的力量进行干预，并且制定出一项结束冲突的长期战略以留下一定数量的部队，维持地面稳定，防止新一波杀戮的爆发。

但**“先制性自卫”**与上述情况不同。如果你觉得某人要攻击你甚至要杀害你，你不会认为需要先想出一个相称性的对策。事实上，如果你确定他们要杀害你，最好的做法是，等到他们睡着了先把他们杀死。这看起来很像是一些人声称的日本袭击珍珠港的动机。以相称性原则约束先制性攻击，对概念的理解毫无意义。相反，“先制性攻击”是要用最强大的军事力量，使潜在攻击者产生震慑和敬畏之感，如此他们就会迅速投降。用不了多久，“先制性攻击”理念的支持者就可以说：“我们假设有必要采取先制性攻击”，然后没有考虑相称性原则的限制就使用了最强大的武力。

你可能认为这是我编造的，那我们不妨来看一下现任政府的两条令人难忘的格言。第一条格言，罗恩·苏斯坎德（Ron Suskind）在《百

分之一主义》一书中说道：如果严重威胁发生的可能性有百分之一，那就必须要把它看作是必然（百分之百）的威胁。[1]第二条格言，是现已离任的国防部长唐纳德·拉姆斯菲尔德（Donald Rumsfeld）最喜欢的："没有证据不代表不存在证据。"[2]换句话说，即使没有看到烟，也要假设有火。当你把这两条格言放在一起，就可以得出一个结论，即使只有一点点证据表明威胁正在迫近，你也必须认为可能性很大；就算连百分之一可能发生的证据都没有，那也不代表以压倒性力量进行先制性攻击的充分挑战不存在。当这样的集体思维定式盛行时，证据很快就会让位于预感、直觉，如果这些直觉被证明是毫无根据的，就会带来悲惨的后果。

下面三点理由中的任何一点，都足以反驳我们应该用事先合法标准来控制单边先制性攻击的论断。第一，合法的防御不构成预先授权。第二，人道主义干预不是先制性干预。第三，在实际运用中，真正的多边预防的例子是十分罕见的。在使用武力时，预防的理论依据往往与其他理论依据混合在一起，并被其他理论依据加以伪装。使问题更加严重的是，少有单边军事行动留有足够的时间进行审议，以使法律和法律论证能够纳入其框架之中。这一点很重要，因为当多伊尔在讨论预防性攻击时，所列举的大多数案例并不是纯粹的预防，而是包含了许多混杂概念的例子。

---

[1] 原注：Ron Suskind, *The One Percent Doctrine: Deep Inside America's Pursuit of Its Enemies since 9·11* (New York: Simon & Schuster, 2007), 62（"切尼主义［形成于'9·11'之后］认为，'即使难以想象之事只有百分之一实现的机会，也要让它表现得像是一个确定事件'"）.

[2] 原注：参见2003年8月5日，美国国防部长拉姆斯菲尔德的新闻简报（报道在伊拉克发现一架俄罗斯制造的米格–25R狐蝠B–战斗机）。

他提到的南非案例，确实是多边人道主义干预的例子，原因很简单，持续的制裁除非是多边的，否则不会奏效。同样，古巴导弹危机应被视作为了应对部署在古巴的导弹所做的一次多边回应，以预先阻止美国政府采取单边先制性攻击。古巴导弹危机的情况与目前情况不同。当时，许多有能力的法学人士参与了其中，例如：艾布拉姆·查耶斯（Abram Chayes）、尼古拉斯·卡岑巴赫（Nicholas Katzenbach）和诺伯特·施莱（Norbert Schlei）。[1]司法部长之所以能够直接与总统接触，是因为他恰好是总统的兄弟。众所周知，他们有13天的时间来进行审议。[2]所有的这些告诉我们，即便法律介入决策过程中，古巴导弹危机的结果也已经是最好的了。就我的经验来说，在这些时候，人们不会说“国家现在前途堪忧，我们必须依照法律办事”；而是会说，“让那个讨人厌的家伙去告我们吧”；或者像里根总统在伊朗门事件中所说的，“如果我没有处理好这个法律问题，那美国人民将永远不会原谅我”。[3]

拿最近2003年伊拉克战争的例子来说：即使在联合国安理会通过第1441号决议之后，[4]我们也不清楚安理会是否还会寻求第二次决议。[5]目前尚不清楚攻击伊拉克的理由是预防、裁军、政权更迭、人道主义干预、民主促进，或者仅仅是长期的和平与安全。所有这些理由都是在决

[1] 原注：参见 generally Abram Chayes, *The Cuban Missile Crisis: International Crises and the Role of Law* (New York: Oxford University Press, 1974)。

[2] 原注：参见 Robert F. Kennedy, *Thirteen Days: A Memoir of the Cuban Missile Crisis* (New York: W. W. Norton, 1969)。

[3] 原注：Ann Wroe, *Lives, Lies and the Iran-Contra Affair* (London: I. B. Tauris, 1991), 195 (quoting President Reagan).

[4] 原注：S.C. Res. 1441, U.N. SCOR, 57th Sess., U.N. Doc. S/Res/1441 (2002).

[5] 原注：为了更全面地讨论在第二次海湾战争中提出的合法依据，可参见 Harold Hongju Koh, *On American Exceptionalism*,55 Stanford L. Rev. 1479, 1515–1526 (2003)。

定发动攻击的前几天的不同时刻提出的，而一旦发生攻击，美英两国政府为发动攻击所提供的正式合法依据，实际上均从未提及预防。美国法律案件从来就没有正式表明“先制性自卫”是战争的合法基础，相反，却是基于更加狭义的说法，伊拉克严重违反了联合国第678、687和1441号决议。[1]同样的，为战争辩护的有争议的英国法律观点，并不是基于

[1] 原注：联合国大使约翰·内格罗蓬特（John Negroponte）致安理会的信，相关部分如下：

“现今实施的行动已被安理会决议所授权，包括第 678 号决议（1990 年）和第 687 号决议（1991 年）。第 687 号决议将许多义务强加于伊拉克，其中包括最重要的一点，那就是大规模解除武装，它是停火的基础。不履行这些义务就使停火的基础不复存在，也使第 678 号决议的授权使用武力再次出现，这一点是很早就被意识到，并为大众所接受的观点。这是过去联合国使用武力的基础条件，它也已经被安理会所接受。例如，正如我们看到的一样，1993 年 1 月在伊拉克实质性违反第 687 号决议之后，联合国安理会发布声明，根据第 678 号决议，联合国安理会授权联合军队使用武力。

“正如安理会在第 1441 号决议中确认的那样，伊拉克仍继续实质性违反第 687 号决议中的解除武装义务。遵循《联合国宪章》第七章，安理会全体一致通过，如果伊拉克一直并仍然实质性违反其义务，且继续屡次驳回联合国的警告，它将会面临严重后果。此决议给予伊拉克履行安理会有关规定的最后机会。但明确表明，如果伊拉克违反在第 1441 号决议中规定的义务，没有准确、充分和完全地申报当前大规模杀伤性武器的情况并充分配合决议的实施，这将导致今后进一步重大违约。

“伊拉克政府决定放弃第 1441 号决议中的‘最后机会’，已明确承认是额外违规。从伊拉克违反决议的角度来说，停火的基础已经不存在了，根据第 678 号决议，这已可以授权使用武力。

“伊拉克在长时期内数次拒绝外交政策、经济制裁及其他和平手段，这些手段本可以帮助伊拉克履行其解除武装的义务，并允许对其大规模杀伤性武器和相关计划进行全面检查。联合军队的行动是恰当的应对措施。这些是防止美国和世界上其他地区受到伊拉克威胁，恢复地区和平与安全的必要步骤。如果延迟下去，只会让伊拉克继续其非法和威胁性的行动。”

此信是由联合国大使内格罗蓬特写给安理会主席特拉奥雷（Mamady Traore）大使的（March 20，2003），可查阅 http://www.usembassy.it/file2003_03/alia/A3032109.htm。

惯例法中先制性自卫的广泛论据，而是基于两个限制性的论据：伊拉克严重违反了安理会此前的一些决议。[1]我的观点是，在现实的案例中，决策者在允许法律介入的审议机制内真正依赖纯粹的多边预防理论，以

---

[1] 原注：司法部长戈德史密斯爵士把以下议会答复发表在《泰晤士报》（伦敦）上：

“授权对伊拉克使用武力，开始于第678、687和1441号决议的达成。所有的决议都是在《联合国宪章》第七章下达成的，它允许为重塑国际和平与安全而使用武力：

“1. 在第678号决议中，安理会授权武力对抗伊拉克，将其从科威特驱逐出境，重塑地区和平与安全。

“2. 在沙漠暴风行动（Operation Desert Storm）后达成停火条件的第687号决议中，安理会继续给伊拉克履行义务施压，废除其大规模杀伤性武器，重塑地区和平与安全。第687号决议暂停，但并未终止第678号决议中授权使用武力的决定。

“3. 实质性违反第687号决议，使第678号决议中授权使用武力重启。

“4. 在第1441号决议中，因为伊拉克没有履行义务，没有解除武装，安理会判定它实质性违反了第687号决议。

“5. 安理会在第1441号决议中给伊拉克‘最后解除武装的机会’，并警告如果他们不这样做会有‘严重后果’。

“6. 安理会在第1441号决议中规定，如果伊拉克未能在任何时候完全遵守并执行联合国第1441号决议，这将构成进一步的实质性违反。

“7. 十分明显，伊拉克没有遵守第1441号决议，并且自决议生效至今都在持续进行实质性违反行为。

“8. 因此，第678号决议中授权使用武力条例已生效，并持续到今天。

“9. 第1441号决议规定，如果打算使用武力，则需要安理会作出进一步的制裁决定。因此，第1441号决议只是要求，伊拉克未能履行义务时向安理会报告和讨论，而不是进一步明确决定授权使用武力。

“我留存了这一回应，以及收藏在上下两院图书馆中的第678、687和1441号决议的复印版本。”

“Lord Goldsmith’s Statement,” *Times* (London), March 18, 2003, at A2. 为回应这一主张，副法律顾问、外交部长伊丽莎白（Elizabeth Wilmhurs）辞去了外交部职务。参见 Ewen MacAskill, “Adviser Quits Foreign Office over Legality of War,” *Guardian*, March 23, 2003, at 1；也可参见给编者的信 “War Would Be Illegal,” *Guardian*, March 7, 2003, at 13（由16位牛津、剑桥、伦敦和巴黎的国际法教授共同签署，信中声称这场非法战争没有经过安理会的第二次决议）。

便能够实际应用多伊尔提出的法律标准，这种情况非常少见。

我的第四个反对观点是，我不认为多伊尔的标准在单边干预方面会如他所希望的那样发挥作用。对于想使用武力的人来说，**“四个L”**的标准十分容易被操控。[1]例如让我们看一下最近《耶鲁法律杂志》中由基德（Jide Nzelibe）和约翰·尤（John Yoo）共同发表的文章。这篇文章描绘了一幅有趣的镜像，是由两位真正相信行政权力的法律人士实施的，反映了多伊尔所描述的审议过程。[2]

事实是，在这些情况下，法律标准并不能制止武力的非法使用。我们必须禁止使用武力，并且不容许有任何例外情况。如果有人想要违反禁令，他们应该寻求原谅而不是事先许可。这也就是说，他们应寻求被赦免，而不是在行动前得到事先豁免。不论迈克尔·多伊尔的合法检测标准在理论上、在实际应用中有多么合理，但它们还是太过于花哨与复杂。在实际应用中，各个个体如何减少一些官僚主义，单方面应用这一复杂的四项检测标准及其附属的各个子项？如果迈克尔·多伊尔承认，这些标准是平衡的检测标准，我们难道不怀疑它们在现实环境中如何获得平衡吗？如果我们想形成一种反对未授权使用武力的有价值的预设立场，在上述这些紧急情况下，就需要制定一些条款清晰的规定。这就是**“米兰达警告”**[3]中所说的：为保护被警方拘留时的个人权利，预防性

[1] 原注：迈克尔·多伊尔承认，“为阻止自私自利的解读，我们有合理的理由，使法律尽可能简单、清晰”。然而，他倡导的四项检测标准，很难成为成功预防自私自利解读的简单、清晰标准。

[2] 原注：Jide Nzelibe and John Yoo, *Rational War and Constitutional Design,* 115 Yale L.J. 2512 (2006). For a criticism of Nzelibe and Yoo's argument, see Harold Hongju Koh, *Setting the World Right*, 115 Yale L.J. 2350, 2374–2378 (2006).

[3] 编注：Miranda Warning，也称“米兰达告诫”，即犯罪嫌疑人、被告人在被讯问时，有保持沉默和拒绝回答的权利。

规定是很有必要的。[1]政府官员必须确切地了解法律禁止他们做什么或允许他们做什么，同时要明白，如果他们采取非法行动，肯定会遭到起诉。

从本质上讲，禁止单边先制性武力有哪些危险呢？首要的是虚假的多边主义：为了获得这些多边标准，你可能会发现强有力的大国正在建立**“志愿联盟”**，正如美国为了支持第二次海湾战争所做的一样。但这就是迈克尔·多伊尔提出的方法步骤中第一步的优势所在：可以通过已成立的组织机构或已成立的多边组织机构的运作，多边应用这些标准。如果我们通过已成立的组织机构，而不是特设的志愿联盟来决定是否使用武力，我们就会处于与在古巴导弹危机中美洲国家组织决议一样的情况，那里有正规的机制来决定其他同盟是否真的同意实行区域性武力。或者举个相反的例子，东加勒比国家组织（Organization of Eastern Caribbean States，OECS）投票通过一项决议，批准1984年美国入侵格林纳达，我们可以这样认为，东加勒比国家组织不是倡导共同安全协议或发动战争的组织，而主要是促进东加勒比国家经济与金融统一的组织。因此，这项决议是**越权的**。在常设机构中，也有机会提出一项终止使用武力的决议，就像联合国在科索沃战争中所做的一样。

同样，我认为运用这些标准去攻击私人团体，例如持有大规模杀伤性武器的恐怖分子，是错误的，就像多伊尔可能要做的那样。这使我突然想到，这是犯了一个混淆橘子与苹果的错误。恐怖分子被反恐法和刑法所覆盖，他们不应该成为仅适用于通过多边组织或志愿联盟来反对民族国家的区域多边行动的法律标准的一部分。沿着这条路走下去，将会

[1] 原注：参见 Miranda v. Arizona, 384 U.S. 436 (1966)。作为预防性规则，在美国，每个犯罪嫌疑人在被警察讯问前都应被告知他或她拥有与律师协商的权利，及不必自我认罪的权利。

导致混淆，使迈克尔·多伊尔的“四个L”更难得到应用。

第五个，即最后一个对于迈克尔·多伊尔方法的担忧，就是关于理解、证明与预测的问题。在一场危机中，人们倾向于相信他们想要相信的东西。你想相信什么，这个问题很大程度上取决于你认为哪些信息是相关的。迈克尔·多伊尔举了伊拉克的例子，事实上，在事后剖析中，我们学到了许多事前无法预测的东西。

现在如何应用多伊尔的致命性、可能性、正当性和合法性这四个标准，来平衡是支持还是反对对朝鲜金正日发动先制性攻击？2000年秋天，我和国务卿马德琳·奥尔布莱特（Madeleine Albright）一起前往朝鲜，与金正日待了几日。我知道，一个观察者可以把他看作一个理性的行动者，或者是一个完全不可预测的人。如果我们不确定他是哪种人，我们怎么理性做出多伊尔“四个L”标准中希望我们做出的预测呢？我们如何确保我们准确地计划和权衡先制性攻击的成本与收益？前国防部秘书长唐纳德预估，伊拉克战争的开销不会小于500亿美元，但这和实际上2万亿美元以上的开销相距甚远。[1]正如汤姆·里克斯（Tom Ricks）在他令人恐惧的著作《惨败》（*Fiasco*）中谈到的一样，“利用智力上的技巧手段，一方面**最坏地**描述了伊拉克带来的威胁，另一方面也**最好地**描述了占领伊拉克的代价和难度”。这告诉我们，采用多伊尔喜欢的方法，对成本与收益进行真实合理的权衡，很难在事前实施。[2]

这就是为什么，我对迈克尔·多伊尔用于执行预期性战争的标准欢

---

[1] 原注：Martin Wolk, “Cost of Iraq War Could Surpass $1 Trillion,” MSNBC.COM, March 17, 2006, http://www.msnbc.msn.com/id/11880954.

[2] 原注：Thomas E. Ricks, *Fiasco: The American Military Adventure in Iraq* (New York: Penguin Press, 2006), 4.

呼了两次。不要误解，我们的确需要法律标准，并且要在多边环境中实行这些标准，但我坚决反对国家自行在单边先制决策中使用这些标准。合法的防御不可被预先授权。拿人道主义干预来类比也不正确，因为人道主义干预不会激起人道主义复仇，因为多边干预有外部限制，还因为很少有纯粹的多边预防。

有一个更好的方法就是，维持一个单方面禁止单边先制性攻击的命令。那些感觉可以忽视这条禁令的国家，将会寻求事后原谅而不是事前准许，这与杜鲁门总统在长崎投掷原子弹时所做的一样。这并不是应该被预先授权的极端行动。如果总统感到这样做很有必要，且他认为是在维护国家的生存，那么他可以在许多不同的法律和政治讨论中为自己辩护。检察官可以拒绝起诉他，而他也可以得到赦免，或者也会被从轻发落。但我们应该拒绝的观念是：应该给他采取如此激烈行动的自由和预先授权。

如果听从多伊尔的建议，我们可能会看到许多虚假的志愿联盟。面对理解、证明和预测这些不可逾越的问题，我们将发现许多单边先制性军事行动都是基于直觉的判断；如果继续下去，我们会陷入循环报复的境地。这就是为什么，虽然我很欣赏迈克尔·多伊尔，但我仅可以接受他三个基本论点中的两点。

二、理查德·塔克的评论

从古代到18世纪的诸多政治哲学家探讨的问题，正是多伊尔在这两篇杰出的论文中探讨的，这不仅仅是国家间关系的问题，更是政治理论本身的问题。这种理念在16世纪和17世纪的著作者中尤为显著，他们见证了自己所处年代的无休止战争，从意大利城邦之间蓄意的小型战役到全面冲突和破坏的“三十年战争”（Thirty Years War），且敏锐地认识到人类群体间和平的脆弱性。其中，雨果·格劳秀斯和托马斯·霍布斯的见解最具代表性。我们不应忘记，格劳秀斯在当时那个世纪晚些时候被誉为现代道德科学之父，而非国际法的理论家。

虽然麦克马汉认为只有一种传统的“正义战”理论，在某种程度上与多伊尔教授不谋而合，但实际上至少有两种同样强大和有影响力的传统理论。一种是奥古斯汀模型（Augustin model）或者说神学模型（theological model）理论，认为国家的军事行动应该有法则加以管控，就像政府依法管理公民那样。但格劳秀斯—霍布斯学派的理论家应该被归于另一种对立的传统学派，认为人的生命被两个极简主义道德原则管控。其一，我们有权保护自己免受攻击，包括我们判断存在真正的危险时所采取的合理预防措施；其二，我们绝不应该对其他人造成不必要的伤害。对于霍布斯来说，这两个原则与他的“自然权利”（right of nature）和“自然法则”（law of nature）相对应。这出乎现在一些人的意料，霍布斯和格劳秀斯都认为没有根本的道德冲突；“所有人”，或者如霍布斯有时所说的“全世界”都将接受这两个原则。[1]

应该强调一下，这些著作者和多伊尔教授一样宣称，对于其他关于预防性战争的神学思维，只有实际发生的攻击才可以证实自卫行为的正当性：多伊尔教授在他的第一篇论文中给出了所有的理由，他们认识到严肃的政治理论必须接受，任何证明自卫是正当的理由，都要包括使预防性行为正当的理由。有一句经常被文艺复兴和17世纪著作者引用的话，即卡西乌斯·狄奥（Cassius Dio）提到西塞罗时所说——“不要等到你受了一些类似‘攻击’后再追悔，而是应在事情发生之前保持警惕；因为当你可能预见危险时，听任它降临到你身上再去后悔，是很轻率的行为。”[2]

对格劳秀斯而言，事情就是如此。我们能够一致认同在道德准则允许下采取明智的防御措施，也能够一致认同可采取必要的防御行动和不对我们的敌人造成不必要的损害。但对霍布斯来说，当我们达成一致原则时，困难才刚刚开始：我们需要政治机构，恰是因为我们无法就什么才是必要的问题达成一致。人们之间的冲突，不是因为对和平共处基本框架的分歧，而是对我们是否需要对可能的敌人采取行动——所谓的认知或事实问题——存在分歧，只有把它交给有权力决定这个事实问题的共同管理机构，才能阻止预防性战争的频繁发生。

这里有一个有趣的例子，是来自阿尔贝里科·贞提利（Alberico Gentili）的著作。贞提利是牛津大学民法教授，不是个小人物，他被公

[1] 原注：有关此话题的全面深入分析，参见本人的 *Rights of War and Peace* (New York: Oxford University Press, 1999)。

[2] 原注：Cassius Dio, *Roman History*, ed. Herbert Baldwin Foster, trans. Earnest Cary (Cambridge, MA: Loeb Classical Library, 1969), 4: 472–473 (45.35–366).

认为是现代国际法的奠基人。霍布斯可能参加过他的课程。贞提利深受格劳秀斯的影响，但在其他方面，他是我所讨论的那种理论的极端拥护者。他认为仅仅是超级大国的存在—— 一个比邻国更强大的国家——其本质上就是对世界其他国家的威胁。贞提利指的是西班牙，认为它依赖自身在美洲的帝国荒谬地打破了欧洲权力均势。他说道，仅是西班牙的实力，足以令其他国家将它视作潜在的威胁，后者有足够的理由采取先制措施对它进行攻击。[1]的确，当英国人攻击伊丽莎白女王统治下的西班牙时，法兰西斯·德瑞克（Francis Drake）和其他人的行动实际上遵循了“**贞提利原则**”，因为那时西班牙并没有攻击他们，我认为这么说是正确的。[2]他们相信，仅仅一个非常强大国家的存在本身，就是一个需要做出军事回应的威胁。

我们可能不同意伊丽莎白时代的观点，但他们的想法是一个很好的关于推理的例子，一旦你开始问自己一些问题，如威胁的证据是什么，其可能性取决于什么，你可能会被导向同样的推理。历史可以告诉我们，强大的帝国权势总是通过危险的方式行事，而这将成为推理的证据，尽管并非确凿的证据，或许我们今天的帝国权势也是这样做的。因此，这些推论如同在水中前行，非常艰险而困难。

实际上，多伊尔教授所做的事，就是代表格劳秀斯向霍布斯和贞提利提出挑战：他说，或许我们有非常令人信服的方法来决定一个行动是否确实必要，即使可能没有一个机构有权力为我们决定这个问题，我们也不会面临——理性行为者发现自己无法和平共处的前景。那么霍布斯

---

[1] 原注：参见 Alberico Gentili, *De Iure Belli*, ed. C. Phillipson, trans. J. C. Rolfe (Oxford: Clarendon, 1933), 2:62–65。第一版出版于 1588 年。

[2] 原注：参见 Geoffrey Parker, *The Grand Strategy of Philip II* (New Haven: Yale University Press, 1998), 170 ff。

主义怀疑论者会怎样答复呢?

他当然没有什么依据和多伊尔教授的前三条理论进行争辩。**致命性**和**可能性**共同涵盖了自卫行为是必要的这一要求；也就是说，威胁既严重又有可能。**正当性**是多伊尔教授两大基本原则中的第二个。因为它要求将我们的行动限制在最低限度，从而避免对我们的对手或者卷入冲突中的其他人造成不必要的、程度不当的伤害。

正如霍布斯所说："有一些自然法则，即使在战争中也要遵守。因为我没有看出'**残酷**'（这是一种不考虑未来利好的报复）对人类和平或预防有任何贡献。"确切地说，程度不当、不必要的伤害，就是霍布斯所说的"残酷"。顺便说一句，当多伊尔教授在他的文章中提及："相对于对实际的武装袭击做出反应，在预防性行动中应该更重视相称性原则"，我认为他已经比17世纪的许多著作者更有前瞻性了。

他们在预防措施和真正的防御中对相称性都有同样的要求。也就是说，当你真正参与一场战争时，禁止残酷的指令仍然适用：你不能对敌军的士兵施以残酷或不必要的暴力行为。

怀疑论者可能对最后一个条件即**合法性**更加疑惑。多伊尔教授在这里的观点似乎是，需要一个现有的国际法律体系，其效能在某种意义上得到各国的承认，然而没有一个机构就此做出的判定能够理所当然地解决这个问题。因为就我所知，在多伊尔教授的所有观点中，联合国安理会也不一定是这样一个可靠或权威的机构。

我们关于合法性的判断，就像我们对必要性或相称性的判断一样：我们自己必须评估，提议的行动是否符合公认的国际法准则。但是，那些标准自身有争议，需要做出阐释。此外，正如格劳秀斯和霍布斯所观察到的那样，很少的几件几乎没有分歧的事情之一，就是对真正危险的适当反应，无论对国家或个人来说，都是一种合法的行动。因此，如果前三个条件得到真正满足，似乎就可以解决合法性问题。有一个例外（基于多伊尔教授的论点）就是，一个国家在采取行动之前，至少应该将问题提交给安理会。怀疑论者可能会说，这很像是罗马的律法，即对战争开端的一个形式上的要求，而不是实质性的要求。

多伊尔也暗示过，安理会的追溯判断可能会批准或否决预防性军事行动。这就引出了高洪柱在他的评论中的观点：我们对预防性战争持有**界限明确的**禁令，但在特殊情况下，却允许进行必要的防御。然而，在多伊尔的第一篇文章中，似乎排除了这种提议。其论点的主旨是，我们必须为国家的单边行动或未经安理会认可的多边行动留有余地：这些行动可能永远不会得到安理会的批准。因此，追溯判断尽管有用且有益，但也不会像怀疑论者所期望的那样具有决定性。

因此，怀疑论者最终会发现，就这四个条件而言，几乎没有什么异议。但同样的，他也很难找到能迫使他放弃怀疑的东西。毕竟正如我所讲，霍布斯完全接受格劳秀斯提出的**道德框架**：这实际上是在没有权威决策机构的情况下采取的进一步行动，而这是格劳秀斯极力避免的。事实上，正如我之前所说，这是政治的根本问题：创建一个国家的原因，正是为了建立这样一个机构，它能够且会解决关于何时以及如何应用普遍同意原则所引发的分歧。

既然如此，假设我们加入多伊尔阵营，接受预防性战争原则的话，这对我们有什么影响呢？由于没有一个跨国主权，我们如何在制度和程序上做出反应？我在各种文章中发现对这个问题有两种不同的回答。多伊尔有时表示，公众讨论的将不仅仅是原则本身——这些原则不太可能过多讨论，因为就整体而言，我认为大多数人都会相当快速地同意这些原则——而是关于原则在特定情况下的应用问题。多伊尔认为，如果我们进行讨论，这将使各国或安理会本身因按照讨论的结果采取行动而蒙羞。在这种并不令人陌生的模式中，有一种相当分散的全球性的公共权威，它可能控制特定的国家，甚至安理会本身。霍布斯可能对此略表困惑。他可能怀疑，这个讨论论坛产生的决定，将对参与讨论的人具有约束力或限制力。人们能想象这种讨论的结果，具有类似国家机构或主权机构法令的效力？

多伊尔所说的有时看上去像是另一种模式：安理会仍保持其权威，但需根据一套指导其审议工作的新的国际规则行事。显然，这两种模式可能以不同的方式重叠；它们在理想条件下是截然分开的，但在实践中，它们可能会被结合起来。即便如上所述，无论哪种方式，多伊尔似乎确实设想了他的原则得到某种制度上的执行。这是非常重要的问题：诚如我所言，对霍布斯来说，这是政治理论中最重要的问题。创建一个具有真正权威的新制度形式，实际上就是建立一个世界主权。这些都具有高风险；因此，人们想从多伊尔那里更多地了解他所提出的机构或机制的特点。例如，如果它是像安理会这样的机构，它是否能被民主原则之类的东西所控制？

最后，我将提出一项政治诉求。多伊尔对政治考量经常左右联合国和安理会的做法持批评态度。但当我们讨论战争与和平这样重大的决定时，就个人而言，我更倾向于政治决策而非不偏不倚的司法裁决；我宁愿在美国国会或英国议会上从事政治活动，也不愿在遥远的法庭上进行裁决。如果我们讨论的是国家的核心功能，政治就是我们处理此类决定的方法。理想情况下，这就是民主政治，即使民主政治会有不同程度的腐败或不尽如人意的特点。各种各样的原因都能成为人们讨价还价的理由。但最终，这就是我们习惯的一种处理政治生活的方式，民主政治——瑕疵不遮——在正当性程度上令人印象深刻。

虽然这是怀疑论者一直以来的论断，他们也会说从没有任何人曾把这些问题提到现代公众面前来，但多伊尔做到了。霍布斯本人也说，“指责而非找借口，更不需要过于言辞善辩（人之本性）”。[1]拜读、聆听过多伊尔教授的观点后，我对其聪明才干十分佩服，也不愿意和这样一位有说服力的学者有太大的分歧。

[1] 原注：*Leviathan* Chapter XIX, p. 97 original edition (Cambridge ed. p. 132).

三、杰夫·麦克马汉的评论

我发现自己处于一个尴尬的位置——对于一个评论者来说，这是一个尴尬的位置——我几乎同意迈克尔·多伊尔对国际法和当前美国理论在预防性战争方面所隐含意义的有力批评的所有方面；我也赞同他提出的许多建设性意见，包括制定一套新的法律、制度和政策，以应对国家和国际安全威胁，这些威胁看似真实而严重，但并非迫在眉睫。尽管他说的基本上是对的，但还有很多话可说。在预防性战争中有一项重要的道德约束，很大程度上被他忽略了（尽管他在早期模糊提到正当自卫的“责任方”条件），这一点并未在他的正当预防性行动标准清单中出现。我认为我的这些简短建议，可填补他所遗漏的但需要包括在内的条件。

我的论点是对多伊尔观点的友好提炼，希望他能看到，并予以赞同。迈克尔·多伊尔以拥护康德学派的国际关系方针而享有盛誉，我认为他的叙述中所遗漏的条件，应该与其尤为重视康德学派有关。

或许提出我将集中讨论的反对预防性战争的最好方式，就是如何在传统正义战理论中对待避免未来威胁的目标。虽然正义战理论家已就允许进行预防性战争阐明了各种立场，但传统理论中有一种观点得到了特别充分的体现。在正义战理论中，战争有正当理由的要求是“诉诸战争权”原则的一个组成部分，也就是说诉诸战争受一系列原则支配。战争必须有正当理由的观点，通常被理解为对目标类型或正义类型的一种限制，这种限制须能证明诉诸战争是正当的。但是，这一要求的应用不能仅仅限于诉诸战争的正当性。如果一场战争没有正当理由，但仍继续进行，如正当理由已用完但战争没有停止，那么它就是非正义的、不被允许的。正当理由不仅适用于诉诸战争，而且适用于战争的继续。它在整个战争过程中始终适用，换句话说，正当理由不仅是合法诉诸战争的一个条件，而且是对可以允许以战争手段来实现的目标类型的一种普遍限制。

这种对正当理由要求的理解开启了这样一种可能性，即使正义战争的所有其他必要条件都得到满足，正义战争本身仍不能成为诉诸战争的理由。有一些目标可能通过战争手段实现，但只有在与追求其他一些正当目标，或者与可以证明最初诉诸战争是正当的目标相结合，才可行。这是在正义战争传统中惯用的方式，以避免未来威胁或防止未来错误。许多理论家认为，虽然不允许仅仅为了避免未来的某种威胁而发动战争，但一旦敌方犯下的错误使得发动战争是正当的，则预防性行动可被允许。例如，如果敌方发起侵略行动，则允许为了自卫而反击。然后可能允许在防御行动过程中，甚至在自卫成功之后使用**额外**武力，以便解除敌方武装，从而防止未来出现进一步的威胁。根据这一观点，无侵略行为时，不可发动军事行动来解除敌方武装；一旦发生侵略，则允许该行动发生。

如格劳秀斯写道：“允许事先阻止对当下没有产生立即影响，但从长远来看是具有威胁性的暴行；不是直接的——正如我们已经指出的那样，那样做是非正义的——而是间接的，对已经开始但尚未完成的罪行进行惩罚。”[1]格劳秀斯所说的“直接”，是指这个行动将预先制止不确定的未来威胁，作为其唯一目的和唯一理由。他追随奥古斯汀、阿奎那和其他人的观点，认为对不当行为的惩罚是战争的正当理由，并认为预防和威慑未来的不当行为是惩罚的合理功能之一。因此，这段话可以解释为，一旦敌人开始一场罪恶的战争，那么在战争过程中使用武力来消除来自同一敌人的更深远的威胁，是被允许的。

我认为格劳秀斯的这个观点，吸引了很多古典正义战理论家，至少部分因为他们倾向于认为战争是对不当行为的惩罚。如果战争是一种惩罚的形式，那么许多古典理论家反对纯粹的预防性战争，也就不足为奇了。因为至少是布什政府执政前的文明民族，倾向于反对允许预防性惩罚，也包括反对预防性监禁。

至少有两个理由可以解释，为什么预防性惩罚是不受欢迎的。第一个原因，一个人危险的证据通常不足以证明伤害他是正当的，除非他通过实际犯罪来证明他的危险性。虽然这种观点在**法律意义**上支持了反对预防性惩罚，但它没有表明单纯的预防性惩罚通常会和格劳秀斯所说的一样，是非正义的。因为在许多案例中还有其他形式的证据，比真实发生的单一罪行更能预测到未来的犯罪行为。基于这样事实的预防性行动，看起来可能是有一定必要性的，因此，它看起来比回应单一犯罪行动的预防性行动更加正义。

---

[1] 原注：Hugo Grotius, *De Jure Belli ac Pacis Libris Tres*, trans. Francis W. Kelsey (Oxford: Clarendon Press, 1925; reprint, Buffalo, NY: William S. Hein & Co., 1995), bk. 2, chap. 1, sec. 16, p. 184。文中涉及他反对“直接”预防性惩罚的相关内容，引自 bk. 2, chap. 1, sec. 5, 173–175。维多利亚（Vitoria）主张的观点与格劳秀斯的观点极为相近。格劳秀斯、维多利亚、贞提利和瓦特尔四位专家针对“预防性战争”的主张，有些评论视角独特，参见 Gregory M. Reichberg, “Preventive War in Classical Just War Theory,” *Journal of the History of International Law* 9 (2007): 5–33。

反对预防性惩罚的第二个原因补充并强化了第一个原因，而且是更深层次的且偶然性更小。只有当一个人确实做了错事时，他才会使自己在道义上易于受到责罚，作为实现惩罚目标的一种手段，包括防止未来的不当行为。

犯罪行为没有发生，就不适合用惩罚。我认为正是这种考量，对格劳秀斯和其他古典正义战理论家著作中的预防性防御观点做出了最好的解释。当一个国家尚未采取使其对另一个国家的不公正威胁负责的行动时，它（或更确切地说，它的个别代理人）就不应遭受防御性行动。但如果这个国家已经违法犯罪，如发动一场非正义的战争，则停止其行动或纠正其后果便构成了战争的正当理由，那么，在寻求这一正当理由的过程中，就可以允许采取进一步的行动，以预防今后采取进一步错误行动的可能。不当行为使侵略者现在暴露于防御性行动之下，也使其易于遭受进一步的预防性行动的制裁。[1]

当然，我们大部分人不会将战争作为一种惩罚。原则上，对于一些人来说，发动战争的唯一正当理由是，它可以对抗侵略。但是，防御和惩罚的条件是一样的，即一个人必须采取某种形式的行动，才能在道义上对遭受到预防性行动的伤害负责。也就是说，一个人没有做出任何为免受攻击而致使其权利受损或妥协之行为，那他就是无辜的，对他进行攻击是非正义的。

一个人可能会在未来以某种方式行事，这似乎不能成为当下他遭受

[1] 原注：就此问题，当前辩护观点可参见：Jeff McMahan and Robert McKim, “The Just War and the Gulf War,” *Canadian Journal of Philosophy* 23, no. 4 (1993): 501–541。随后我对此观点产生了疑问。反驳我之后的批评意见，为此观点辩护，可参见 Thomas Hurka, “Liability and Just Cause,” *Ethics and International Affairs* 21, no. 2 (2007): 199–218。

道义上的攻击的原因。在他行动之前对他进行预防性的伤害，侵犯了他的自主能力，即使在他决定做出不当行动时，这种能力也可使他审慎考虑并改变他的决定。当然，在做出最终行动之前，人们一般都有能力改变自己的想法，但实际上有效的预防性行动无法等到那一刻。

因此，潜在的违法犯罪者不可能被允许利用一切可能的机会从不当行为中抽身。在法律中，某些形式的行动是构成某些罪行的先决条件，而某些形式的行动，例如筹划和准备，本身就是犯罪。换句话说，这些行动足以被视作犯罪。大致来说，参与筹划和准备犯某一罪行的人，做好了冒很大风险的准备，可能使自己遭受必要的行动制裁，而这种制裁是用于预防犯罪的。如果他们被强行阻止犯罪，他们以这种方式行事就没有什么抱怨的理由了。

可以援引相似形式的先例来证明预防性战争的正当性。假设，我们的情报机构掌握了确切的、有说服力的证据，证明别国的政治领导人正在计划和准备一年后对我们发动侵略性战争。假设外交和其他非军事选择皆无效，如果攻击迫在眉睫，或者等到已经受到攻击，我们防御成功的可能性将是极低的，而我们的伤亡将会很大。就像国内阴谋案件一样，这个国家的领导人参与了应受谴责的行动，这就足以使他们承担预防性制裁。

然而，假设到目前为止，这个计划只涉及政治领导人。军事人员，尤其是普通士兵，完全不知道这个正在计划中的非正义战争。他们在基地里，做他们在和平时期应该做的事：训练、演习等等。和政治领导人不同，他们迄今为止没有做过任何应受责罚之事，也没有做任何会使国家面临风险提高之事。所以，他们是否做了任何使自己单独承受预防性攻击之事，是有疑问的。

我将这个例子叫作**“未被动员军队”**（Unmobilized Military）。如果我们采取集体主义方法对待战争，这可能不会造成问题。根据这一点，正如卢梭所说，战争不是发生在个人之间，而是发生在国家之间。在这种视角的基础上，领导人的行动会累及国家自身，包括士兵。然而，我认为这种集体主义的观点是站不住脚的。其中一个原因是，它使得只有国家成员才承担责任，即便这种资格的获得不是自愿的，这导致承担防御的责任与行动或选择分开。另一个原因是，它看起来是支持总体战学说的，因为参战人员和非参战人员都是平等的国家成员，如果国家自身对战争负有责任，那么其国家成员也是有责任的。

但如果我们坚持认为只有当个体做了某些事，使得他们对攻击负有责任，那么他们才是战争攻击的合法目标。在这类情况下，我们很难使预防性战争合法化，因为许多或者大多数本应受到攻击的人可能会因为一些原因而进入军队，但他们完全没有意识到，他们的政治领导人正在进行侵略战争。从这种意义来说，这些未被动员士兵是无辜的。

这是当前有关正义战正统理论的一个特别清楚的含义。通常假定该理论基于两条强大但可被废除的理由，从而反对预防性战争。这两个反对理由起源于两个**诉诸战争权**的原则。一个是最终诉诸原则。因为预防性战争要消除的威胁，从其定义来看并非迫在眉睫，我们仍有时间去尝试除了战争之外的其他方法，因此战争不可能是最终的诉诸手段。这是一个常见的反对观点，但我觉得它被放错地方了。只有在走投无路之时发动战争才是正义的，这是对相关要求的错误解读。最好将这个需求看作是必要性的要求。如果一个暂时的遥远威胁现在可被避免，而不是等到它临近发生才被解决，预防性战争可能会满足必要性的要求。

另一个反对预防性战争的诉诸战争权原则，是相称性原则。假设暂时的遥远威胁发生的可能性很小，那么未来威胁发生的可能性会被低估，这样下去将使得预防性战争不符合相称性原则。

本应很明显但很少被注意到的一点是，按照正统正义战学说中区别对待的要求，预防性战争是必定要被排除在外的。一般来说，区别对待的简明要求就是，仅直接蓄意地对合法目标进行攻击。根据现今主流正义战的观点，只有战斗人员是合法攻击目标，非战斗人员均不属此。对战斗人员和非战斗人员进行区别对待，与对合法目标和非合法目标进行区别对待是一致的，即只有战斗人员才构成威胁；也只有他们可能会遭到防御性攻击。非战斗人员仅仅是旁观者，因此在道义上不受攻击。在当代文献中，区别对待的要求通常被当作“非战斗人员豁免原则”，只有那些参战士兵才可被划归战斗人员，因为只有他们才能主动构成威胁。在和平年代，未被动员士兵会穿着制服，甚至会携带枪具，他们不会主动对任何人造成威胁，因此，根据对正义战理论的理解，在某种意义上说，他们并不属于战斗人员；但在国际法范畴下，他们是否属于战斗人员就另当别论了。因为和平年代的未被动员士兵不是战斗人员，他们没有参与战争活动，并且因为预防性战争被定义为目前无人参与进来，也不准备马上参与进来的战争，根据现今主流正义战理论，未被动员士兵不能成为合法攻击对象。据此，在预防性战争中，并不存在合法目标。预防性战争必然是没有区别对待目标对象的，因此这种攻击不能被许可。

正统理论的含义，并不表明预防性战争不被允许。相反，正如我相信的，它可能会显示正统理论是错误的。在我看来，正统理论错误地坚持对他人构成威胁才应在袭击战中负责这一标准。尽管我不会因此争执，但我相信袭击战中应追究责任的标准，在道义上需针对一种恶行，或具有威胁性的恶行（如不正当伤害的威胁），这允许通过战争手段去防御或者调整。

根据这个标准，在“未被动员军队”的案例中，那些正在计划并准备发动侵略性战争的政治领导人受到袭击，在道义上是应当的，因为他们做出的行动使他们需要为非正义战的威胁负责。但是，假设他们不会遭受攻击；或者说有一个幕后秘密政府，其成员都是不为人知的，他们知道有关战争的计划，在现任领导被杀后就可以掌握大权。这个替补政府，其成员和普通民众一样，被劝说相信我们有意攻击他们的国家。因此，如果我们暗杀现任领导人，这就好像是证实了他们对自己接班人所做的一切。我们似乎成为侵略者，将会遭受明显的出于自卫的攻击。在这种情况下，我们不能只通过防御性的暗杀来抵御对我们的攻击了。对军队的预防性战争将变得十分必要。

但再一次，我们可以设想军队成员对政治领导人的侵略性计划一无所知，甚至没有理由去怀疑这些计划可能已经成形。似乎他们不应该对领导人构成的威胁负责。

大多数人不接受的是，非正义威胁的道德责任成为防御性武力的必要条件。这些未被动员士兵对这些行为并不负有责任，许多人会说这无关紧要，甚至他们现在并不构成威胁也无关紧要。他们是战斗人员，足以被作为目标——就是说，即使他们待在自己的营地，也要穿着军装，全副武装。但是，假设一个美国士兵现在去到瑞典军营，杀死了那里的一名士兵。从道德谴责角度来讲，这不仅仅是美国士兵的违纪行为，而应该是谋杀行为。在任何与道德相关的意义上，被杀的瑞典士兵都不能算作一名战斗人员，他没有做任何使自己丧失（不受攻击）权利的事，即使是被一个外国士兵攻击。仅仅作为一个现役的军人，是不足以使他被当作合理攻击对象的。

在“未被动员军队”的案例中，有一点很容易想到，如果领导人正在策划非正义的侵略，那么其士兵就应当为攻击负责，因为除非我们现在采取阻止行动，否则他们将对我们发动不义的攻击。但是，有关对攻击负责的标准太过宽容放纵，假设我们现在处于战争对峙状态，侵略者正在进行大量征兵活动，那么这场战争就会持续好几年甚至更长。因此，快要读完高中的男孩女孩们可能在几年内攻击我们，但这并不会让他们现在就受到攻击。所以，他们和那些在未被动员军队中毫无戒备的士兵又有什么不同呢?

如果存在满意答案的话，这个问题的答案就是，这些未被动员士兵符合对攻击负责的两个条件。第一个条件是，他们做了参加征兵的选择，或者说他们允许自己被征入部队。因此他们承诺，或者至少给了别人有力的理由相信他们，如果接到命令，就要去战斗。另一个条件就是，他们很不幸地遇到了想命令他们去参加非正义战的上司，因此，他们被变成非正义的当事人。在我们另一个假设中，第一个条件将未被动员士兵与高中学生区分开来。第二个条件将他们与未被动员士兵（他们的领导者没有策划非正义侵略）区分开来。

这个建议似乎修正了我之前的声明，评判是否应受到攻击的标准是，他们在道义上是否应为恶行或具有威胁性的恶行负责。对于这些未被动员士兵来说，他们完全不清楚自己上司所造成的威胁。但是，事实上，这表明了一个人有可能要对他没有意识到的威胁负责。因为他们选择顺从，他们的意志变成了上司意愿的衍生品，因此，他们需要分担上司给国家造成的威胁这一责任。尽管他们没有意识到，但他们是即将执行攻击的人，而且在特定条件下他们会尽力去做。

这些提议使得士兵们承担更加严格的责任。在某种意义上，他们完全没有不当行为或过错就要承担责任。可以将未被动员军队的士兵们想象成一国的公民，他们近期没有侵略历史，他们合理预期自己不会被命令去参与一场非正义的侵略性战争。我们也可以假设，在一个近期发动了许多场非正义侵略的邻国，刚参军的士兵可能有充分理由期待参战的指令。但是事实上，他们的领导人已经决定不再发起任何侵略了。根据上述两个责任条件，后一假设中的士兵们不会遭受攻击；而对于那些未被动员军队的士兵们，尽管他们是因一些令人钦佩的道德原因而加入侵略战争中，但他们会受到攻击。未被动员军队中的士兵们运气不佳，服务于谋划侵略行动的政府，他们选择参军或没有拒绝征兵，因此要遭受攻击。

一定要注意，我的说法是，未被动员士兵是否遭受攻击，取决于他们选择进入军队前是否知道军事组织是做什么的。我没有说，因为他们是军队中的一员，所以要受到攻击。如果像在一个种族或民族集团中的成员资格那样，在军队中的成员资格是非自愿的，这就不能作为承担责任的基础。军人的责任不是因其身份，而是因其做出的选择与行动。

我觉得许多人会认为这种针对责任问题的解决方案似乎是合理的。在这种情况下，有人可能会好奇为什么解决方法如此简单，我却喋喋不休。一个原因是，这种解决方案既不完备，也不是令人满意的。

这个解决方案是不完备的。因为参照我之前提到的两个条件，即使他们的国家发动了侵略性战争，未被动员士兵也不应遭受攻击。因为他们中的一些人不是自愿参军，而其他人也不会在未来构成不公正威胁。

在某些情况下，人们被迫，或由于被用枪口顶在脑袋上而参军。虽然这种极端的强制形式也给选择留有余地，但它似乎不是那种可以作为严格责任基础的选择。在其他情况下，即使一些自愿选择参军的人，以后也不会造成威胁。例如，有些人可能在加入时做出了有双重条件的战斗承诺。他们将会遵守命令进行战斗，但前提是他们也相信，他们被命令去做的事情在道义上是允许的。当然大多数情况下，他们不能在入伍时公开第二个条件，有些人（显然不是很多）在军队中服役时就有这种私人保留。如果一名目前未被动员士兵因被命令进行不公正的侵略而拒绝战斗，即使他的政府正策划进行一场不公正的战争，他之后将构成不公正威胁的说法也不是真实的。因此，他不满足我所提议责任标准的第二个条件。

需要注意到，军队人员在不断更新。有大量新兵入伍，同时也有老兵退伍。在"未被动员军队"这个例子中，领导人的目标是在一年内发动非正义战争，而许多现役士兵在战争开始之前便已经离开了部队。因此，宣称他们在将来会参与到非正义战中，是不正确的。同样他们也不满足有关未被动员士兵责任标准的第二个条件。

当然，在那些"未被动员军队"的案例中，他们因以下原因之一不应遭受攻击：他们没有参与侵略，他们拒绝参与非正义战，或者是当战争发生时他们已退伍等原因——通常没有任何可以公开获取的资料可以区分出谁应该遭受攻击。因为这个原因或者其他各种原因，预防性攻击不能区分未被动员军队中需要负责与不需要负责的人。每一个未被动员士兵到军队服役都是他自己的选择，并且会听从命令去战斗，当这成为一种合理假设时，几乎在所有的情况中，人们都能很自信地指出，对一些士兵的推测是错误的。换句话说，我们可以认为，预防性战争包括故意攻击或杀人，从某种意义上来说人们知道其中一些人完全无辜，尽管人们无法知道他们是谁。然而，这些人不应受到攻击仍然是事实，因为他们拒绝在非正义的战争中战斗，或者因为在他们退伍之前不会发生侵略行动，然而他们有责任让敌人相信他们会战斗。尽管他们不应受到攻击，但倘若受到攻击时，他们也不太会向敌手提出正当的控告。

这就解释了，为什么我认为问题的解决方法是不完备的：不可避免的是，在一场预防性战争中，有些人可能会被蓄意攻击，但他们在道义上不应受到攻击。我认为解决方案不能令人满意，是基于他们所承担的责任和相应义务的事实。而且，责任不完全是一种因果关系。当事者对非正义战所承担的责任，兼具主客观双方的因素：例如，他的信仰、动机、意图等等。我认为这意味着未被动员士兵承担攻击责任的程度不同。

综合考虑“未被动员军队”案例的两个版本。最初的版本是，士兵们是近期没有侵略记录的国家之居民。让我们进一步假设，他们的政府实行民主选举，无论士兵们在现在或者当时加入军队，他们都没有理由怀疑这个政府会考虑进行非正义侵略。从第二个版本看，士兵们是国家的公民，而他们的现有政府是一个独裁政府，近期实施了多种非正义侵略行为，并且无心改革。在这种情况下，士兵们可以合理预期，他们加入后将会被命令参加一场非正义的战争。在以上两种情况中，领导人都在谋划进行非正义侵略战争，而士兵们却一无所知。我认为，与前一种情况下的士兵相比，后一种情况下的士兵，对他们国家造成的威胁负有更大的责任，他们遭受攻击的可能性相应也会更大。

实际应用时，这意味着在其他条件相同的情况下，为使预防性战争有理而必须满足的条件，在第一种情况下比在第二种情况下更为严格。在相称性原则中，责任上的差异体现得尤为明显。第二种情况中勉强符合相称性原则的战争，在第一种情况下肯定就不符合了。例如，一种威胁刚好严重到足以证明对第二种情况中的未被动员士兵进行预防性攻击是正当的，但这种威胁不足以证明对第一种情况中的士兵进行预防性攻击是正当的，因为后者可能是出于完全令人钦佩的理由而参军的。或者在第二种情况下，在战争预防阶段和等到威胁迫在眉睫阶段之间，成功的代价和概率之差异大到足以使预防性战争符合相称性原则，却不足以使其在第一种情况下符合相称性原则。

当然，这些例子经过人为加工并被简要地描述出来。在现实复杂的情况下，对责任的思虑将如何影响预防性战争的相称性原则，这一点不太明显。然而这些思虑都是真实且十分重要的，在确定那些将受到预防性攻击的人多大程度上容易受到攻击时，我们应仔细思考。

值得注意的是，在迈克尔·多伊尔列举的制裁非洲、封锁古巴及袭击伊拉克核反应堆的例子中，没有蓄意对不被视作应受攻击之人进行军事攻击。确实如此，主要因为这些都不是预防性战争的实例。只有在奥西拉克的例子中，才进行了真正的军事袭击。正如多伊尔所说，在时机上应尽全力避免更多的人员伤亡。

然而，真正的预防性战争通常必须把人包括在其预定的目标之内。情况就是如此，要符合正当这一条件，就应该证明那些受到攻击的人一定是实施了他们应受到攻击的行为。因此，我相信多伊尔需要在他预防性战争的标准清单中加入第五条原则。幸运的是，在英文中，**“责任”**（Liability）这个词也是以“L”作为首字母的。

第三章

多伊尔的回复

迈克尔·多伊尔针对评论的回复

我们借鉴理查德·塔克教授、杰夫·麦克马汉教授和高洪柱教授的观点，完善了书稿的内容。我不需要做详细的最后评论，而只想指出我们之间仍然存在的一些分歧。我认为这些只是细微的差异，但其中一两点或许很重要。我认为有三个关键分歧。

第一，在当今民族国家的世界中，世界政府（world government）不能改变国际政治的无政府状态。而且，由于缺少世界政府，缺少真正的全球社区，我们能做的最佳选择就是制定一种标准，用以缓和这种无政府状态。塔克教授的评论就是基于此议题。他在11月的评论和这里的书面评论中准确地指出，我确实依靠标准和规范的效力，而在一个缺乏权威性和可执行性的全球机构的世界中，这些标准本身将无法提供一个完全可靠的秩序。在这些方面，我更依赖于格劳秀斯的国际法，而不是霍布斯主义（如理查德·塔克）所认为的明智做法。我承认这个世界秩序很不可靠，但制定出一套标准来管理无政府状态，是一种有价值的努力，即便不完备，也比有害或适得其反的放纵要强一些。

正如塔克在这里和其他地方更充分地表明过，霍布斯认为无政府状态下合作的核心问题是**“认知”**。[1]对霍布斯来说，只有“利维坦”才能令人信服地确定其含义，减少冲突。这些演讲者都承认缺少这种全球

[1] 原注：参见 *Rights of War and Peace*, especially chap. 4。

性的利维坦，主张在争端中实现沟通的价值，确定在一个危险的世界中既可生存，又能反映更基本的人权和自决权的价值观，并且在新兴的国际社会被广泛共享的标准。对于寻求避免冲突或没有深层次理由发动冲突的国家，这些标准可以作为协调手段。避免通过威胁其他国家的生存来触发合理的预防，而不是动员给予这些威胁保障的军事资源：在一个危险的世界中，这些都是如何从冲突中获得避风港的信号。

在我看来，这是在目前这个世界中我们能做的最好的了。但这些标准是初步的、不完善的，并不像霍布斯主义那样稳定，足以结束所有的冲突。它们也被用于反映深层次的道德责任，并开始为更加可靠的国际秩序创建尊重和信任的先决条件（我引用了康德《论永久和平》［*Perpetual Peace*］中的“**先决条款**”）。[1]而且，尽管霍布斯主义的逻辑富有吸引力，但我们不能一直采取这种方法，同时我并不认为塔克是在提倡这种方法。这样做将忽视对全球人类尊严的承诺，这是20世纪为数不多的伟大成就之一（即使这项承诺在实践中经常受到侵犯）。

第二个分歧是谁应该受到攻击。我认为预防性自卫和即时自卫战争适用于同样的原则。我同意杰夫·麦克马汉教授的观点，应当仅仅制裁那些“责任人”，而不负责的人就不必受到制裁。预防性自卫，包括武装攻击和强制性经济制裁，都应该遵循战争规则。避免伤及非战斗人员，遵守必要性和相称性原则。在自卫战争中，一旦发生武装袭击，士兵通常是合法的袭击目标，即使他们因被征召入伍或对战争目的了解甚少而“无辜”。他们在战争中保留投降的权利和作为战俘的体面待遇。假如他们遵守了战争法，就不会被控告。他们的领导人或许对侵略战争

[1]　原注：Immanuel Kant, *Kant's Political Writings*, ed. Hans Reiss (Cambridge: Cambridge University Press, 1970), 93–97.

的罪行负有责任，但他们没有。预防性战争在这一点上并无不同。如果普通士兵什么都没有做，是他们的领导人策划发起侵略战争的，而他们并不知情，那就只应该由领导人负责。

我的“正当性”原则——必要性和相称性，针对的就是他们的领导人。但是，假如他们知道领导人发动战争的目的，还自愿入伍，就应该像身处战争的士兵那样受到攻击。在奥西拉克，是以色列人将伊拉克士兵置于危险之中，但攻击的矛头却指向核工厂的科学家和工程师，即麦克马汉认为的已被动员的人。对阿富汗基地组织集训营的袭击，同样符合这些标准。古巴封锁也是如此，封锁行为让那些运送导弹到古巴的苏联水兵处于危险之中。如果袭击是由领导人策划的，士兵并未被动员，最有可能通过针对领导人和策划者的针对性回应（通常是制裁）来解决问题，正如联合国打算对伊朗实施的经济制裁（到目前为止）那样。

第三，我和高洪柱最大的分歧，也许部分原因在于我认为他是一个积极的倡导者。但我们在许多问题上观点一致。首先，我们都认为，除非单边预期性自卫符合界限分明的卡罗琳标准，否则不应被判定为预先授权或合法。为清楚证明预先授权的先制性自卫是正当的，要符合相称性原则和在其必要性上应具有“压倒性优势”，并应能对“迫在眉睫”的威胁做出反应，使其“无其他办法可供选择”，也“无时间从长计议”。幸运的是，这种情况极少见。

东京军事法庭发现一件20世纪的案例：荷兰政府得知日本对荷属东印度群岛的袭击，是同12月7日至8日对菲律宾的袭击一起策划后，于1941年12月对日宣战。

其次，我认为，我们都同意所有其他授权进行强制行动的请求都应该提交安理会。只有安理会才能合法授权预防性自卫。《联合国宪章》第39条规定，安理会能够且“**必须**”确定对和平的威胁是什么，也“**必须决定**”应该怎么做。我们认为，应该呼吁安理会履行职责。这一提议比看上去更为激进。有些人建议，安理会不应在可能动用否决权时感到尴尬，因为否决权会破坏以宪章为基础的法治。因此，一些人赞同美国、英国、北约的决定：1999年，当他们对塞尔维亚采取军事行动以保卫陷入困境的科索沃时，他们绕过了安理会。我的论点是，所有非防御性或非先制性地使用武力，不论是出于人道主义或预防之目的，都应提交安理会，以便让它开始承担《联合国宪章》授权的责任——决定什么构成合法使用武力，什么不构成合法使用武力。否则，我们将无法通过判例法建立一套促进法治的标准，通过更可靠和更具操作性的术语来定义可能性、致命性、正当性和合法性（四个L）标准，从而为预防性使用强制措施提供正当理由（不论是制裁还是使用武装力量）。

一些人担心，将案件提交给安理会会危及作战情报，使攻击不那么成功。但如果有合理的先制理由，这种特别依赖时效性情报的袭击会被认为是正当的。正当的预防性行动考虑得更长远。我们这里需要的是一个“**起诉逮捕令**”（indictment-arrest warrant），允许在适当的时候进行攻击，因为威胁者很可能正在演变成袭击者。最好的情形是，制裁甚至起诉本身可能表明一种广泛的国际谴责，鼓励造成威胁的国家更多地采取和解及不那么具有威胁性的行为。的确，许多人认为，这就是今日朝鲜和伊朗的情况。

安理会模糊了预防和人道主义救援的标准之间的区别，这是很危险的。关于这一点，我们有不同的意见。自然，预防是关于自身利益的，人道主义救援的确应该是有关他人利益的。前者会因自我利益而被滥用，我们都同意这点，但是标准有所重叠。

因为宪章要求，只有对“国际和平与安全”造成威胁时，安理会才能判定预期性使用武力是正当的（第39条）。因此，人道主义救援需要打着自卫的旗号才能符合宪章的要求。所以索马里军阀制造的饥荒在概念上可以看作是一种威胁，即饥饿的索马里人跨越肯尼亚边界，威胁到肯尼亚的安全，就连《防止及惩治危害种族罪公约》（Genocide Convention）会议代表都要求安理会按照宪章（第8条）规定执行，才可判定使用非防御性武力正当。但实际上，正如上文讨论的那样，判定正义战正当性的标准——必要性、相称性、保护非战斗人员，应该对两者都适用。

我们在此处产生了极大分歧：当安理会没能承担起责任，既没有缓和对和平的威胁，也没有授权合理的预防性自卫战争时，应该怎么办。高洪柱似乎想要一种没有明确表述的反射性自卫行为，事后该国又会用必要性作为借口，或者借口说根本没有能力做其他选择。任何事前关于规则的思考，似乎都让他担心会自我欺骗地打开为自私自利做辩护的闸门。我认为，没有人会不重视他如此清晰阐释的危险，但一项全面的禁令不会得到重视，也不是最佳的方法；而继续将案件提交给安理会才是更好的办法。

对单边预防性行动来说，最好的情况是安理会在此之前已经根据先例做出行动。可能性、致命性、正当性、合法性这四项标准，可作为将案件提交给联合国的最佳理由。必要性和相称性应继续占据主导地位，并应在持续形成政策中尽量减少对合法性的侵犯。在古巴导弹危机期间，白宫执行委员会得出结论，认为安理会不会采取行动，他们寻求美洲国家组织的支持，以加强其正当性，这么做是正确的。即使宪章第53

条禁止美洲国家组织等区域性组织批准执行行动，但区域支持加强了审议和正当性。

实施封锁行动，比如**隔离**古巴，虽然是战争行为且不合法，但当仅仅面对威胁时，这种情况下采取该措施很明智。因为同入侵或者空袭相比，这一措施的危险性更低，却更符合相称性，并且“更少违法”，能避免成为“另一个珍珠港事件”。[1]即使他们没准备严格遵守法规，他们也会继续审议和应用标准。他们选择的方案比空袭或者入侵更符合相称性的要求，而另外两个被考虑的方案是，容忍导弹的部署，或者开始进行一场合理假设会使危机升级的持久谈判，这些会削弱美国在冷战时期的柏林对峙中的可信度，[2]而放任古巴用核导弹武装自己。如果他们继续审议，寻找一个更正当且并不违法的办法，同时将其理由展示给盟国和公众，以求得到支持，我们今天的境况会更好。

我在这些演讲中还认为，如果决策者预期他们的决定将受到国家委员会和安理会委员会的审查，以便确定“已经知道、应该知道和本可以知道”的情况，以及根据后见之明做出的决定是否正当，我们的未来将更加美好。

最后，宪政民主党对这件事没有选择余地。许多宪法，包括美国宪法，都要求执政者在发动战争之前与立法机构协商。美国总统必须保卫国家免于遭受迫在眉睫的袭击，但众议院应该是宣战的机构。实际上，在现代社会，宣战已经变回协商。尽管如此，仍有必要提出一种观点，即预防性制裁或战争是必要的。反射性回应不符合这一宪法要求。摆在人民代表面前的最佳论据将是：制裁或战争是必要的，因

[1] 原注：May and Zelikow, *The Kennedy Tapes*, 189.
[2] 原注：May and Zelikow, *The Kennedy Tapes*, 148.

为这类威胁是可能发生的、致命的、正当性经过权衡的，并且对国际法的损害最小。

高洪柱认为，探讨在没得到安理会授权的情况下采取行动的标准，可能会削弱既定法律规则的效力，他说得对。但是，批准《联合国宪章》的国家，并不是在批准一项自杀协议。高洪柱承认规则有时会被打破，问题仍然是，是否应该为了保护规则的神圣性而仅仅本能地违反它们，还是应该慎重地根据标准和期望而有意地违反它们，以鼓励更负责任的行为。

总之，我充分意识到，努力制定管理伦理的标准，保卫国家免受致命危机，还面临很多困难。但在当今世界，19世纪的规则已经不再适用，而领导人的自由裁量权也值得怀疑。作为公民，当领导人宣称要保护我们时，我们需要提出应采用的相关标准的建议。这些文章是迈出这一努力的第一步。

作者及评论者小传

迈克尔·多伊尔，美国哥伦比亚大学哈罗德·布朗国际事务、法律暨政治学教授。其著作包括：

1. *Ways of War and Peace* (W. W. Norton, 1997) ；
2. *Empires* (Cornell University Press, 1986)；
3. *UN Peacekeeping in Cambodia: UNTAC's Civil Mandate* (Lynne Rienner Publishers, 1995)；
4. *Keeping the Peace* (Cambridge University Press, 1997[与Ian Johnstone，Robert Orr合编])；
5. *Peacemaking and Peacekeeping for the New Century* (Rowman and Littlefield, 1998 [与Olara Otunnu合编])；
6. *New Thinking in International Relations Theory* (Westview, 1997 [与John Ikenberry合编])；
7. *Escalation and Intervention: Multilateral Security and Its Alternatives* (Westview Press/United Nations Association, 1986 [与

Arthur Day合编])；

8. *Alternatives to Monetary Disorder* (Council on Foreign Relations/ McGraw Hill, 1977[与Fred Hirsch，Edward Morse 合著])；
9. *Making War and Building Peace* (Princeton University Press, 2006 [与Nicholas Sambanis合著的研究联合国维和行动的专著])。

他曾担任联合国助理秘书长，同时也是前联合国秘书长安南的特别顾问。其工作职责涵盖战略规划，包括“千年发展目标”（Millennium Development Goals）；与华府及国际企业部门如“全球契约”（Global Compact）拓展合作关系。联合国秘书长潘基文近期提名他担任联合国民主基金会顾问委员会轮值主席。

高洪柱，耶鲁大学法学院院长，兼Gerard C. and Bernice Latrobe Smith国际法教授，自2004年起担任该院第15任院长。从1998年至2001年，担任主管美国民主、人权及劳动的助理国务卿。他曾任华府巡回法官马尔科姆·威尔基（Malcolm Richard Wilkey）和美国最高法院法官哈里·布莱克蒙（Harry A. Blackmun）的法务助理。他撰写过80余篇文章并创作了8本书，其中包括：

1. *Transnational Legal Problems* (Foundation Press 1994[与H. Steiner和D. Vagts合著])；
2. *The National Security Constitution* (Yale University Press, 1990)，该书被美国政治学学会（American Political Science Association）授予美国总统类别最佳图书奖。

斯蒂芬·马塞多，撰写并教授政治理论、伦理学、公共政策及法律方面的内容，特别是关于自由主义与宪政主义、民主制度与公民权、多样性与公民教育、宗教与政治、家庭与性，以及政治社会与全球化等主题。目前，他的研究项目涉及移民与社会正义，以及多边机构对国内民主制度的影响。他是普林斯顿法律与公共事务项目（1999—2001年）的创始董事，主持了“普林斯顿普遍管辖权项目”（Princeton Project on Universal Jurisdiction），并协助制定“普林斯顿普遍管辖权原则”（Princeton Principles on Universal Jurisdiction）。他还担任美国政治学学会副会长、“公民教育与实践常务委员会”（Standing Committee on Civic Education and Engagement）首任主席，并与委员会其他成员共同撰写了一部专著：*Democracy at Risk: How Political Choices Undermine Citizen Participation, and What We Can Do about It* (Brookings, 2005)。其作品还包括：

1. *Diversity and Distrust: Civic Education in a Multicultural Democracy* (Harvard University Press, 2000)；
2. *Liberal Virtues: Citizenship, Virtue, and Community in Liberal Constitutionalism* (Oxford University Press, 1990)；
3. *American Constitutional Interpretation* (Foundation Press, fourth edition forthcoming [与W. F. Murphy，J. E. Fleming及S. A. Barber等人合著并合编])。

马塞多现任教于哈佛大学及雪城大学麦克斯韦尔公民学院（Maxwell School of Citizenship at Syracuse University）。

杰夫·麦克马汉，美国罗格斯大学（Rutgers University）哲学教授。目前正在做关于杀戮伦理学的研究，并打算完成两卷本专著。第一卷*The Ethics of Killing: Problems at the Margins of Life*于2002年出版，其内容包含堕胎、杀婴、安乐死和杀害非人类动物等问题。他目前正在创作续本，探讨自卫、战争和惩罚等方式造成死亡的伦理学问题。他还创作了两本篇幅较短、更浅显易懂的战争著作，一本基于2006年春在牛津大学的“上广讲座”（Uehiro Lecture），讨论战争中的责任和罪责问题；另一本则基于2006年秋在水牛城大学（University of Buffalo）的“胡拉尼讲座”（Hourani Lecture），其中讨论了更多与战争相关的道德议题，包括人道主义干预和预防性战争。

理查德·塔克，哈佛大学弗兰克·托马斯政治学教授，是政治思想史方面的顶尖学者。其著作包括*Natural Rights Theories* (Cambridge University Press, 1979)，*Hobbes* (Oxford University Press, 1989)，*Philosophy and Government, 1572–1651* (Cambridge University Press, 1993)。作品涵盖的主题广泛，包括政治权威、人权、自然法以及宽容，涉及许多思想家，包括霍布斯、格劳秀斯、塞尔登（John Selden）和笛卡尔。他目前研究政治思想和国际法，并追溯从格劳秀斯、霍布斯、普芬道夫（Samuel von Pufendorf）、洛克、瓦特尔到康德等人的国际政治思想的发展历史。他还参与20世纪经济思想起源问题的研究工作。

致 谢

能同时邀请到杰夫·麦克马汉（Jeff McMahan）、鲁斯·韦奇伍德（Ruth Wedgwood）、高洪柱（Harold Koh）和理查德·塔克（Richard Tuck）共同担任本书评论者，我感到万分荣幸。他们在国际道德、国际法和政治理论等方面成就斐然，尤对“**预防性自卫**”（preventive self-defense）这一论题见解独到。每位专家都细心地研究演讲手稿，直率地分享意见。若没有他们的慷慨赠言，本书就无法日臻完善。[1]我真心地感谢这支“梦之队”愿将他们的观点和思考与我分享，与2006年11月份普林斯顿的现场观众分享。

此外，我从金·谢珀勒（Kim Scheppele）组织的两场研讨会、两场午宴及两场晚宴中获得很多启发，使本书见解更加深刻。这些建议都是她在境外反恐战争的政治和法律危机实践工作中总结得出。从接

[1] 原注：这四位专家对本课题的评论范围广泛、入木三分。鲁斯·韦奇伍德更注重评价细节而非整体架构，本书在出版时采用了她提出的诸多宝贵意见。尽管她决定不发表其个人观点，但我确实从中获益匪浅。

受斯蒂芬·马塞多（Stephen Macedo）教授的邀请到发表演讲，再到如今出版，本书经历了漫长的创作过程，这都得益于普林斯顿大学人类价值（研究）中心的简·洛根（Jan Logan）和普林斯顿大学出版社的查克·迈尔斯（Chuck Myers）的精心指导，同样要感谢劳伦·莱波（Lauren Lepow）的细心编辑。历时两天半的演讲与研讨会是我印象最为深刻的一段学术体验。

我同样要感谢迈克尔·伯勒尔和亚历山大·牛顿所做的校对工作；拉尔斯·克里斯蒂、阿斯拉特·特法耶西斯、凯伦·特南鲍姆提供的卓越的调查协助；哥伦比亚大学法学院杰弗里·卡尔森提出的诸多建设性意见；耶鲁大学法学院的丹·诺贝尔协助我做研究，并且不辞辛劳地为我提供编辑建议，帮我纠正错误。此外，丹·诺贝尔还专门前往普林斯顿大学，聆听我们共同努力所获取的成果。布鲁斯·阿克曼、迈克尔·巴奈特、艾伦·厄布森、哈尔·费佛森、艾米·古德曼、奥娜·海瑟薇、山姆·以瑟夏罗夫、保罗·卡恩、罗伯特·基欧汉、史蒂夫·马塞多、卡尔·劳斯蒂亚、大卫·希哲、彼得·斯库克、伊恩·夏皮罗、迈克尔·史密斯及迈克尔·沃尔泽等人均提出其宝贵意见，使我在改善文稿过程中受益良多。在发表该演讲之前，我曾与哥伦比亚大学法学院**“预期性自卫”**和耶鲁大学法学院**“使用武力”**研讨会的参会专家讨论过；还在明尼苏达大学、俄亥俄州州立大学**“默什恩中心”**（Mershon Center）分享了我的早期观点，从这些研讨中我收获颇丰；我要特别感谢 T. 哈布拉、迈德哈·戴凡纳宫地、克里斯汀·艾肯瑟尔、布莱恩·李、金·沙利文等人的建议。同时，对**“古根海姆学者奖”**（Guggenheim Fellowship）和**“克里斯汀·约翰逊奋进基金会”**（The Christian Johnson Endeavor Foundation）的长期赞助深表感谢。

英汉对照表

【术语】

active preparation　积极备战

aggressive use of force　积极使用武力

American Legion　美国退伍军人协会

anticipatory action　预期性行动

anticipatory self-defense　预期性自卫，预先自卫

apartheid　种族隔离

armed attack　武装攻击

Baath Party　阿拉伯复兴社会党

British Privy Council　英国枢密院

Bush Doctrine　布什主义

Caroline doctrine of self-defense　卡罗琳自卫原则

Caroline Doctrine　卡罗琳主义

Center for Human Values （美国普林斯顿大学）人类价值（研究）中心

chicken game 懦夫博弈

coalitions of the willing 志愿联盟

coercive diplomacy 强制性外交政策

collective self-defense 集体自卫

covert operations 隐蔽行动

customary international law 国际惯例法

defense 防御

defensive force 防御性武力

defensive offense 防御性进攻

defensive war 防御战

Definition of Aggression 侵略定义

Democracy in America 《论美国的民主》

Desert Fox 沙漠之狐

deterrence 威慑

dissuasion 劝阻

draining the swamp 排干沼泽

emerging threats 新兴威胁

European Convention on Human Rights 《欧洲人权公约》

European Court of First Instance 欧洲初审法院

exceptionalism 例外主义

excess deaths 额外死亡

Executive Committee (ExComm) 执行委员会

exercised unilaterally　单边行使

false negatives　假阴性

false positives　假阳性

Genocide Convention　《防止及惩治危害种族罪公约》

Global Leviathan　全球利维坦

groupthink　群体思维

Guggenheim Fellowship　古根海姆学者奖

Gulf War　海湾战争

High-level Panel on Threats, Challenges and Change　威胁、挑战与变革高级专家组

humanitarian intervention　人道主义干预

imminent　迫在眉睫

indictment-arrest warrant　起诉逮捕令

individualized liability　个体化责任

institutionalized intentions　制度化的意图

International Atomic Energy Agency (IAEA)　国际原子能机构

International Court of Justice (ICJ)　（联合国）国际法庭

Islamic Bomb　伊斯兰核弹

Jurisprudence　法律体系

jus ad bellum　诉诸战争权，开战正当性

jus in bello　交战正义，交战正当性

just war　正义战

justifiable preemption　合理先制行动

Justified Prevention　合理预防

Law of Nations 《万国公法》

law of nature 自然法则

legalist paradigm 法家范式

legality 合法性

legitimacy 正当性

lethality 致命性

liberalism 自由主义

likelihood 可能性

Likud 利库德集团

Mershon Center （俄亥俄州州立大学）默什恩中心

Military Intervention 军事干预

missile gap 导弹差距

moral framework 道德框架

more distant threats 未来威胁

multilateral forums 多边论坛

murderous ideology 凶残的意识形态

National Security Strategy 《国家安全战略》

necessary and sufficient conditions 必要和充分条件

necessity defense 必要防御

no choice of means 无其他办法可供选择

no time for deliberation 无时间从长计议

Non-Proliferation Treaty 《防止核扩散条约》

one percent doctrine 百分之一主义

Operation Desert Storm 沙漠暴风行动

Organization of American States 美洲国家组织

Organization of Eastern Caribbean States (OECS) 东加勒比国家组织

outside options 外部选项

overstretched 过分伸展

overwhelming 压倒性优势

Perpetual Peace 《论永久和平》

physical means 肉体刑罚

preemption 先制

preemptive attack 先制性攻击

preemptive intervention 先制性干预

Preemptive Self-Defense 先制性自卫

preemptive war 先制战

prevention 预防

preventive actions 预防性行动

preventive defense 预防性防御

preventive force 预防性武力

preventive self-defense 预防性自卫

preventive uses of force 预防性使用武力

preventive war 预防性战争

Princeton Principles on Universal Jurisdiction 普林斯顿普遍管辖权原则

principle of last resort 最终诉诸原则

principle of noncombatant immunity 非战斗人员豁免原则

proactive reaction　积极的反应

proportionality　相称性

Public Committee against Torture v. Israel　禁止酷刑公共委员会诉以色列

quarantine　隔离

racial discrimination　种族歧视

realism　现实主义

reflex response　反射性回应

Responsibility to Protect　保护责任

right of nature　自然权利

rogue states　无赖国家

security dilemma　安全困境

self-defense　自卫

shadowy networks of individuals　个人阴影网络

Six-Day War　六日战争

slam dunk　精彩重击

smart sanctions　英明制裁

Standing Committee on Civic Education and Engagement　公民教育与实践常务委员会

Star Chamber　星室法院

substantive rules　实质性法规

sufficient threat　充分威胁

surgical strike　外科手术式打击

Tanner Lecture　坦纳讲座

Targeted Killings Case　定点清除案

The Christian Johnson Endeavor Foundation　克里斯汀·约翰逊奋进基金会

theological model　神学模型

Thirty Years War　三十年战争

Torture Memo　酷刑备忘录

Trollope Ploy　特罗洛普手法

UN Monitoring, Verification and Inspection Committee (UNMOVIC)　联合国监测、核查和视察委员会

UN Security Council subcommittee　联合国安理会小组委员会

unilateral　单边

unilateral anticipatory or preventive military action　单边预期性/预防性军事行动

unilateral preemption analysis　单边先制分析

unilateral preemptive attack　单边先制性攻击

unilateral preemptive military action　单边先制性军事行动

unilateral preventive measure　单边预防性措施

unilateral preventive war　单边预防性战争

unilateral uses of preemptive force　单边使用先制性武力

United Nations Special Commission (UNSCOM)　联合国特别委员会

Unmobilized Military　未被动员军队

use of force　使用武力

Weapon of Mass Destruction (WMD)　大规模杀伤性武器

Webster and Ashburton Promulgated 《韦伯斯特—阿什伯顿条约》

world government 世界政府

Yale Law Journal 《耶鲁法律杂志》

Yom Kippur War 赎罪日战争

【地名】

Chippewa 齐佩瓦

Dimona 迪莫纳

East Timor 东帝汶

Fort Bragg 布拉格堡

Fort Schlosser 施洛塞尔堡

Navy Island 海军岛

Rhodesian 罗得西亚，津巴布韦旧称

Tel Aviv 特拉维夫

【人名】

Abraham Lincoln 亚伯拉罕・林肯

Abraham Sofaer 亚伯拉罕・索法尔

Abram Chayes 艾布拉姆・查耶斯

Adlai Stevenson 阿德莱・史蒂文森

Alan Dershowitz 艾伦・德肖维茨

Alberico Gentili 阿尔贝里科·贞提利

Alexis de Tocqueville 亚力西斯·德·托克维尔

Allan MacNab 艾伦·麦克纳布

Allen Buchanan 艾伦·布坎南

Anatoly Dobrynin 阿纳托利·多勃雷宁

Anne-Marie Slaughter 安妮–玛丽·斯劳特

Beth Polebaum 贝丝·波列鲍姆

Bob Keohane 鲍勃·基欧汉

Bobby Kennedy 鲍比·肯尼迪

Brent Scowcroft 布伦特·斯考克罗夫特

Cassius Dio 西乌斯·狄奥

Condoleezza Rice 康多莉扎·赖斯

Daniel Webster 丹尼尔·韦伯斯特

David Kay 戴维·凯

David Luban 戴维·鲁邦

Denis Halliday 丹尼斯·哈利迪

Dick Cheney 迪克·切尼

Donald Rumsfeld 唐纳德·拉姆斯菲尔德

Elihu Root 伊莱休·鲁特

Ezer Weizman 埃泽尔·魏茨曼

Fidel Castro 菲德尔·卡斯特罗

Francis Drake 法兰西斯·德瑞克

François Mitterand 弗朗索瓦·密特朗

George W. Bush 乔治·沃克·布什

Georgi Bolshakov 格奥尔基·波沙科夫

Graham Allison 格雷厄姆·艾利森

Gul Pinar 古尔·皮纳尔

Harold Hongju Koh 高洪柱

Harry A. Blackmun 哈里·布莱克蒙

Hassan Nasrallah 哈桑·纳斯鲁拉

Henry Stephen Fox 亨利·斯蒂芬·福克斯

Hugo Grotius 雨果·格劳秀斯

Ian Smith 伊恩·史密斯

Jacob Edri 雅各布·爱德里

Jean-Bertrand Aristide 让–贝特朗·阿里斯蒂德

Jeff McMahan 杰夫·麦克马汉

John Gaddis 约翰·加迪斯

John Negroponte 约翰·内格罗蓬特

Jürgen Habermas 尤尔根·哈贝马斯

Kim Scheppele 金·谢珀勒

Kofi Annan 科菲·安南

Learned Hand 勒恩德·汉德

Lee Feinstein 李·范士丹

Leonard Meeker 伦纳德·米克

Lori Damrosch 洛里·达姆罗

Malcolm Richard Wilkey 马尔科姆·威尔基

Marc Trachtenberg 马克·特拉亨伯格

Michael Walzer 迈克尔·沃尔泽

Nicholas Katzenbach 尼古拉斯·卡岑巴赫

Norbert Schlei 诺伯特·施莱

Paul Nitze 保罗·尼采

Pervez Musharaff 佩尔韦兹·穆沙拉夫

Richard Cheney 理查德·切尼

Richard Falk 理查德·法克

Richard Tuck 理查德·塔克

Robert Keohane 罗伯特·基欧汉

Robert McNamara 罗伯特·麦克纳马拉

Roger Richter 罗杰·里克特

Ron Suskind 罗恩·苏斯坎德

Ruth Wedgwood 鲁斯·韦奇伍德

Saddam Hussein 萨达姆·侯赛因

Sally Mallinson 萨莉·马琳森

Sam Nunn 萨姆·纳姆

Shimon Peres 西蒙·佩雷斯

Slobodan Milosevic 斯洛博丹·米洛舍维奇

Stephen Macedo 斯蒂芬·马塞多

Thomas Franck 托马斯·弗兰克

Thomas Hobbes 托马斯·霍布斯

Thomas Pogge 托马斯·波格

Tim McCormack 蒂姆·麦科马克

Timothy Kearley 蒂莫西·卡利

Tom Farer 汤姆·法瑞尔

Tom Franck　汤姆・弗兰克

Tom Ricks　汤姆・里克斯

Whitley Kaufman　惠特利・考夫曼

Yigal Yadin　伊果・亚丁

国家安全与保密参考书目

策划人：朱策英
邮 箱：gwpbooks@yahoo.com

《美国政府保密史：制度的诞生与进化》 [美] 戴维 · 弗罗斯特 著

本书论述了美国政府自建国前至今的保密史。作者以大陆会议、宪法制定、曼哈顿计划等各种历史事件为切入点，讲述了保密如何在维护美国国家安全中发挥重要作用，政府保密制度与文化怎样跟随历史不断演变。

《先发制人：国际冲突的先制与预防》 [美] 迈克尔 · 多伊尔 著

一个负责任的政府是应采取预防措施，对潜在敌人发动先制战争以防患于未然，还是待冲突发生后再采取动作？为因应“9 · 11”恐怖袭击后的挑战，作者就近数十年来的国际冲突案例进行了深入浅出的分析，提出了自己的国家安全主张。

《突然袭击：被袭国的视角》 [以] 伊弗雷姆 · 卡姆 著

本书系统分析了 1939 年以来的全球 11 个经典突袭案例，梳理致使一国遭受战略突袭的分析困难、判断偏见、组织障碍等，是研究战略突袭的经典之作。它告诉我们，突袭虽极难预防，但只要处理得当，并非完全不可避免。

《分析情报：国家安全从业者视角》 [美] 罗杰 · 乔治 詹姆斯 · 布鲁斯 主编

本书从国家安全的视角，汇集美国情报界 24 位顶级专家的思想，深度阐释情报分析的 20 个核心议题，包括搜集缺口、认知缺陷、外国拒止与欺骗、分析与政策关系、不确定性、反恐斗争、国内情报等，是情报分析领域论述最为全面的书籍之一。

《情报分析案例：结构化分析方法的应用》 [美] 萨拉 · 毕比 伦道夫 · 弗森 著

作者精选出 17 个经典案例，指导情报分析人员运用结构化分析方法处理实际问题。本书是《情报分析心理学》和《情报分析：结构化分析方法》的姊妹篇，与《情报分析案例 • 实操版：结构化分析方法的应用》是配套用书。

《情报分析案例 • 实操版：结构化分析方法的应用》 [美] 萨拉 · 毕比 伦道夫 · 弗森 著

本书是《情报分析案例：结构化分析方法的应用》的配套用书，采用情景化示范的方式，论证了结构化分析方法的实际应用，为情报分析及其他行业的决策者和管理者提供有效的工作指南。

《情报分析：结构化分析方法》 [美] 小理查兹 · J. 霍耶尔 伦道夫 · 弗森 著

本书采用结构化分析方法的新理念，将 55 种情报分析方法分成 8 大类，不仅阐述每一种分析方法本身的内容，还指出其适用场景、增加的价值、具体的操作步骤等，可有效提升情报用户的预测和决策能力。

《情报研究与分析入门》 [美] 杰罗姆 · 克劳泽 原著 [美] 简 · 戈德曼 改编

本书全面探讨了情报研究与分析的各个阶段，重点讨论了情报研究的规范程序和适用的分析方法工具、模型，优秀情报分析人员的必备特质，以及如何提升情报产品的质量，是情报研究与分析入门必备教材。

《战略情报的批判性思维》 [美] 凯瑟琳 · 弗森 伦道夫 · 弗森 著

本书关注如何在情报工作中应用批判性思维，系统阐述了 20 个重点问题，介绍了其中的各种实用技巧与工具，以及简单易懂的解决办法。这是一部情报工作者高效思考力指南，情报分析的三大黄金标杆教科书之一。

《情报搜集技术》 [美] 罗伯特 · 克拉克 著

本书是首部系统论述情报搜集技术的专著，集中讨论了各种技术搜集手段，情报搜集策略与管理问题等；重点探讨了搜集技术在国家安全领域的三大用途，让读者一窥美国情报界强大的情报搜集能力、发展动向及维护国家安全的最新思维。

《情报：从秘密到政策》 [美] 马克 · 洛文塔尔 著

本书详细阐述情报的概念、历史、流程、搜集、分析、反情报、隐蔽行动等问题，重点讨论情报在美国国家安全决策中的重要作用。本作品享有极高声誉，多次再版修订，已成为全美外交、国关、国安、情报等诸多学科的权威教材。

《情报分析心理学》 [美] 小理查兹 · J. 霍耶尔 著

本书主要探讨了人类在判断不完整或模糊信息过程中的认知心理问题，以及这些问题如何对情报分析产生影响，而我们又怎样有效克服这些影响。本书既是美国情报机构培训员工的经典教科书，也是中情局情报官员的必备参考读物。

《情报分析：以目标为中心的方法》 [美]罗伯特·克拉克 著

本书创造性地提出运用“以目标为中心”的情报分析方法，完善情报分析的逻辑过程，形成“确定目标—问题分解—建立模型—评估数据—填充模型—进行预测”的情报分析流程，称得上是一部名副其实的情报分析教科书。

《斯诺登档案：世界头号通缉犯的内幕故事》（修订版） [英]卢克·哈丁 著

本书对“斯诺登事件”进行了全面介绍和解读。它详细追踪了斯诺登的泄密动机、获取机密文件的方式、媒体的报道过程及事件的后续发展，讲述了事件背后各方的博弈较量与攻防策略，披露了美英等国监控全球的手段和规模。

《二战后的美国对外政策》 [美]史蒂文·胡克 约翰·斯帕尼尔 著

作者将美国置于全球背景下，系统讲述了 1945 年二战结束后该国对外战略的重大发展与变化，深刻剖析了其外交政策的决策机制，提示了其对外战略的形成过程与规律。通过本书，读者可以了解美国对外政策的根源和复杂性，深入理解其对外战略的全景图。

《谁来监管泄密者？：国家安全与新闻自由的冲突》 [美]盖里·罗斯 著

通过美国政府历史上重大的泄密案例，作者探讨了未授权信息泄露背后的动机、代价、法律困境和解决之道，以提醒全美情报系统：对手如何获取美国情报，获得情报后会取得怎样的优势。本书是信息时代普及国家安全意识的必备佳作。

《情报术：间谍大师杜勒斯论情报的搜集处理》 [美]艾伦·杜勒斯 著

本书作者以第一人称的视角展开，着重阐述了情报的实用技巧——情报如何搜集和处理，以及形成的结果怎样为制定国家政策服务。本书是“间谍大师”、中情局任期最长局长、美国现代情报系统缔造者杜勒斯的收官之作。

《骗中骗：克格勃与中情局的无声战争》 [美]爱德华·爱泼斯坦 著

本书以美国反间谍头目詹姆斯·安格尔顿之死为缘起，追踪了苏联从建国伊始到冷战末期“欺骗对手”的各种行动，以及美国是如何应对和接招的。该书呈现了中情局与克格勃在情报与反情报上的较量，是国家安全研究的重要资料。

《全民监控：大数据时代的安全与隐私困境》 [英]约翰·帕克 著

阿桑奇、斯诺登等的接连爆料警示我们，“全民监控”的时代已经来临。为了获得全方位的监控能力，西方国家利用闭路系统、窃听设备、身份识别技术、定位追踪装置等随时随地监视民众。本书是读者迅速掌握隐私与信息安全知识的必读之作。

《网络战：信息空间攻防历史、案例与未来》 [美]保罗·沙克瑞恩 等著

通过梳理各种经典案例，本书系统探讨了网络战历史、现实和未来。以跨学科的研究方法，作者有机融合理论与实例，涵盖了从个人、组织机构到国家的网络安全问题，细致阐述了网络空间的生存之道。

《秘密情报与公共政策：保密、民主和决策》 [美]帕特·霍尔特 著

全书讲述了美国安全情报的起源与演变，介绍了与国家安全政策制定相关的四大情报活动，穿插了一些情报利用、误用、滥用等的经典案例，并展望了情报和政策两者的未来关系。

《国家安全与情报政策研究：美国安全体系的起源、思维和架构》 [美]伯特·查普曼 著

本书总结和收集了大量以美国为主的世界各国国家安全政策资料，重点介绍了美国国家安全思想和架构的起源和发展历程，以及作为其国家安全基石的情报政策的历史变迁，具有极强的资料性和实用性，是研究国家安全历史的重要案头书。

《恐怖主义如何终结：恐怖活动的衰退与消亡》 [美]奥德丽·克罗宁 著

通过精心研究各种恐怖组织，本书总结出终结恐怖组织的六种模式，分别系统、深入地加以论述，辅以大量实际数据、案例研究和图表作支撑。本书极具历史性、实践性和经典性，论证严谨，是反恐领域的一部不可多得的标杆性读物。

《21 世纪犯罪情报：公共安全从业者指南》 [美]理查德·赖特 等主编

本书全面、系统、深入地介绍了以美国为主的西方国家犯罪情报工作的过去、现在和未来，论述了犯罪情报工作的思想、流程、方法、工具和实践。全书在理论上揭示了犯罪情报工作的基本规律；在实践上提供了犯罪情报工作的方法工具。

《数据与监控：信息安全的隐形之战》 [美]布鲁斯·施奈尔 著

在西方世界，大量的个人数据会被政府和企业监控，政治自由与公平、商业公平与平等，甚至隐私以及安全等都因监控岌岌可危。本书给出切实可行的建议，探讨如何才能有效应对监控，保护信息安全和隐私。作者被誉为信息领域的“安全教父”。

《金融情报学》 王幸平 著

本书探讨了金融情报的概念，金融情报的搜集、撰写和分析，金融情报人员的定位，金融情报机构与金融决策机构的关系，以及金融反情报等等。全书思想丰沛，案例多样，构建了一套专业情报学框架，对金融理论创新和国家安全研究均有参考价值。